我们一起解决问题

服务行业工作全流程快速入门系列

行政后勤服务工作全流程指南

12大环节、72个细节的应对与处理

滕宝红 ◎编著

人民邮电出版社

北 京

图书在版编目（CIP）数据

行政后勤服务工作全流程指南：12大环节、72个细节的应对与处理 / 滕宝红编著. -- 北京：人民邮电出版社，2024.5

（服务行业工作全流程快速入门系列）

ISBN 978-7-115-63986-8

Ⅰ. ①行… Ⅱ. ①滕… Ⅲ. ①行政管理－后勤工作－中国－指南 Ⅳ. ①D63-62

中国国家版本馆CIP数据核字(2024)第056217号

内 容 提 要

　　本书详细描述了行政后勤服务工作全流程，深入介绍了管理制度编制、日常接待管理、会务管理、文件资料管理、办公设备管理、办公用品管理、公务车辆管理、印章管理、办公环境管理、节能减排管理、职工福利管理、日常安全管理共12大环节的72个细节，并提供了大量可供参考的范本。

　　本书适合行政后勤服务人员、管理人员阅读，也可以作为相关培训机构的培训用书。

◆ 编　　著　滕宝红
　　责任编辑　陈　宏
　　责任印制　彭志环
◆ 人民邮电出版社出版发行　　北京市丰台区成寿寺路 11 号
　　邮编　100164　　电子邮件　315@ptpress.com.cn
　　网址　https://www.ptpress.com.cn
　　涿州市京南印刷厂印刷
◆ 开本：787×1092　1/16
　　印张：14.75　　　　　　　　2024 年 5 月第 1 版
　　字数：260 千字　　　　　　 2024 年 5 月河北第 1 次印刷

定　价：69.80元

读者服务热线：(010) 81055656　印装质量热线：(010) 81055316
反盗版热线：(010) 81055315
广告经营许可证：京东市监广登字 20170147 号

前　言 |preface

　　行政后勤服务工作在组织管理和发展中发挥着基础性和保障性的作用。行政后勤服务工作的重点在其协调性与服务性，在工作过程中要注重全局性。行政后勤部门要妥善处理各类问题，在完善行政办公内部管理制度的基础上，履行服务和监督的职能，建立高效的管理体系，切实维护制度的权威性，不断推动行政后勤管理水平的提升。

　　行政后勤服务工作可以减少人力、物力、财力和时间等方面的支出和浪费，提高组织的效率和效能。行政后勤服务工作广义上包括行政后勤事务管理、办公事务管理两个方面；狭义上指由以行政部为主的部门负责的行政事务和办公事务，包括相关制度的制定和执行、日常办公事务管理、办公物品管理、文书资料管理、会议管理、涉外事务管理，还涉及出差、财产设备、职工福利、车辆、安全卫生等。

　　行政后勤服务工作的最终目标是通过各种规章制度和人为努力，部门之间或关联企业之间形成密切配合的关系，整个组织在运作过程中成为一个高速并稳定运行的整体；用合理的成本换取职工最高的工作积极性，提高工作效率，实现组织目标。

　　行政后勤服务工作要达成其最终目标，就要注重全流程管理，从各个环节和细节提高行政后勤服务工作的效率，不断实现资源优化配置，健全行政后勤管理制度，加大监督、服务力度。

　　全流程管理的重要性和意义不言而喻。环节清楚，流程清晰，从宏观到微观、从行政到后勤的细节规划和安排，可以确保组织管理体系的有效运行。系统性地梳理、分析和优化流程，可以有效地提高工作效率，降低成本，提升工作质量，增强组织竞争力。

　　基于此，作者编写了本书，本书主要对管理制度编制、日常接待管理、会务管理、文件资料管理、办公设备管理、办公用品管理、公务车辆管理、印章管理、办公环境管理、节能减排管理、职工福利管理、日常安全管理共12个环节的72个细节进行了详细的描述与讲解。

　　本书图文并茂，用浅显的语言和生动的图片，对行政后勤服务工作全流程进行了系统梳理，读者不仅读起来轻松，而且可以快速掌握各环节和细节的应对与处理。

　　由于作者水平有限，书中难免存在不妥之处，敬请广大读者批评指正。

目　录 |contents

环节 1　管理制度编制

环节 2　日常接待管理

环节 3　会务管理

环节 4　文件资料管理

环节 5　办公设备管理

环节 9 　办公环境管理

行政人员如何做好办公环境管理？

环节 10 　节能减排管理

行政人员如何做好节能减排管理？

环节 11 　职工福利管理

行政人员在职工福利管理中应该注意哪些细节？

环节 1　　管理制度编制

没有规矩，不成方圆。管理制度不仅是组织日常运营的行为规范，也是出现问题后明确职责、寻找解决方法的依据。那么，应该如何编制切实可行的管理制度呢？管理制度的编制流程如图 1−1 所示。

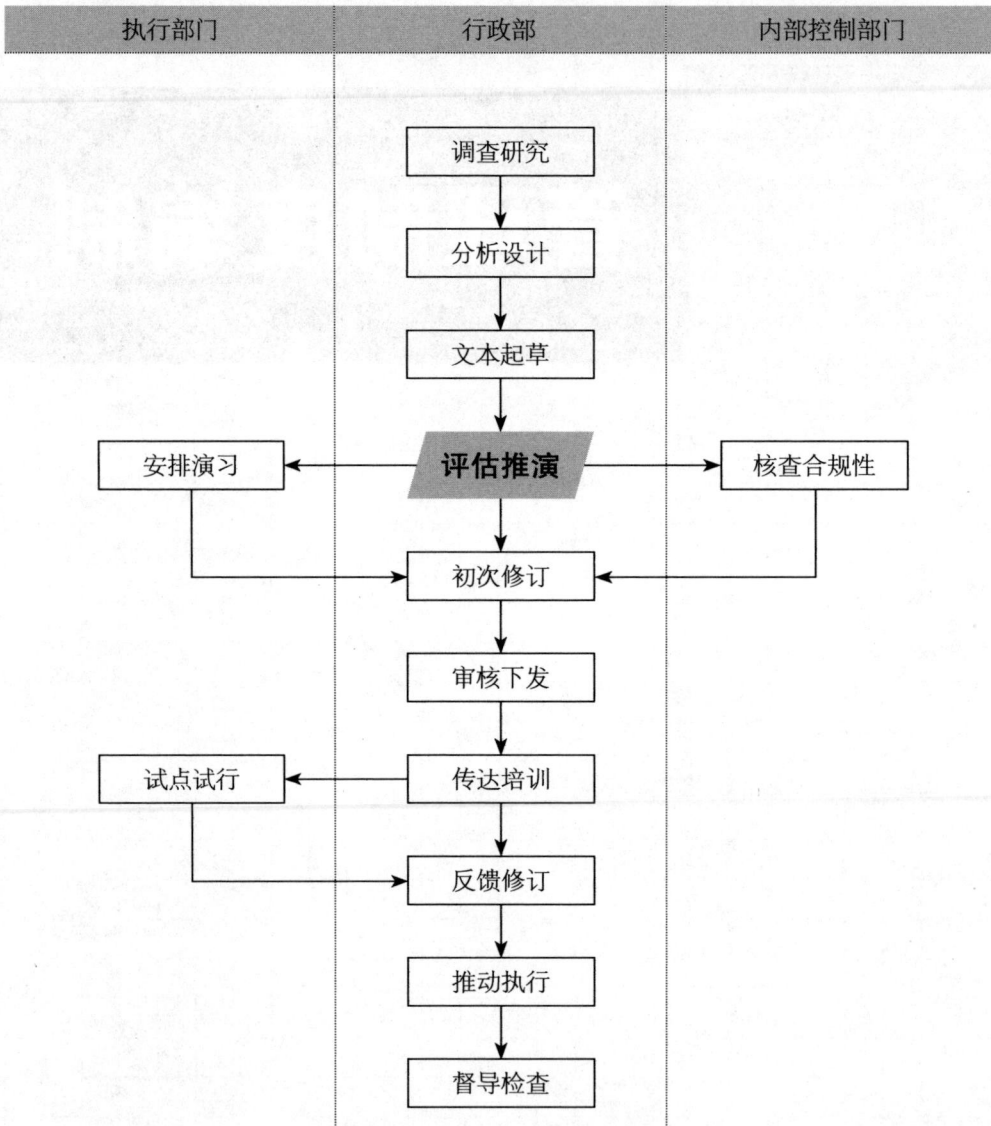

执行部门	行政部	内部控制部门

```
                          ┌──────────┐
                          │  调查研究  │
                          └────┬─────┘
                               │
                          ┌────┴─────┐
                          │  分析设计  │
                          └────┬─────┘
                               │
                          ┌────┴─────┐
                          │  文本起草  │
                          └────┬─────┘
                               │
  ┌──────────┐          ╱────┴─────╲          ┌──────────┐
  │  安排演习  │◀────────│  评估推演  │────────▶│ 核查合规性 │
  └────┬─────┘          ╲────┬─────╱          └────┬─────┘
       │                     │                     │
       └──────────────▶┌────┴─────┐◀─────────────┘
                        │  初次修订  │
                        └────┬─────┘
                             │
                        ┌────┴─────┐
                        │  审核下发  │
                        └────┬─────┘
                             │
  ┌──────────┐         ┌────┴─────┐
  │  试点试行  │◀────────│  传达培训  │
  └────┬─────┘         └────┬─────┘
       │                    │
       └─────────────▶┌────┴─────┐
                       │  反馈修订  │
                       └────┬─────┘
                            │
                       ┌────┴─────┐
                       │  推动执行  │
                       └────┬─────┘
                            │
                       ┌────┴─────┐
                       │  督导检查  │
                       └──────────┘
```

图 1-1　管理制度的编制流程

细节01：调查研究

制定管理制度应从组织的实际出发，只有认真调查研究，深入调查制度涉及的业务管理实际情况，才能达到编制管理制度所要实现的目的。

（一）调研的对象

调研的对象如图 1-2 所示。

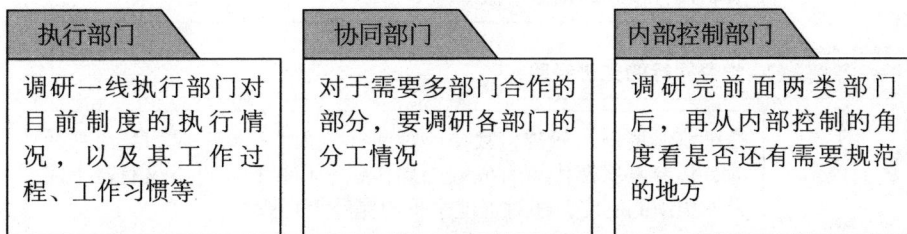

执行部门	协同部门	内部控制部门
调研一线执行部门对目前制度的执行情况，以及其工作过程、工作习惯等	对于需要多部门合作的部分，要调研各部门的分工情况	调研完前面两类部门后，再从内部控制的角度看是否还有需要规范的地方

图 1-2　调研的对象

（二）调研的内容

在编制管理制度前，编制团队应开展基本的调查研究工作，其主要内容如图 1-3 所示。

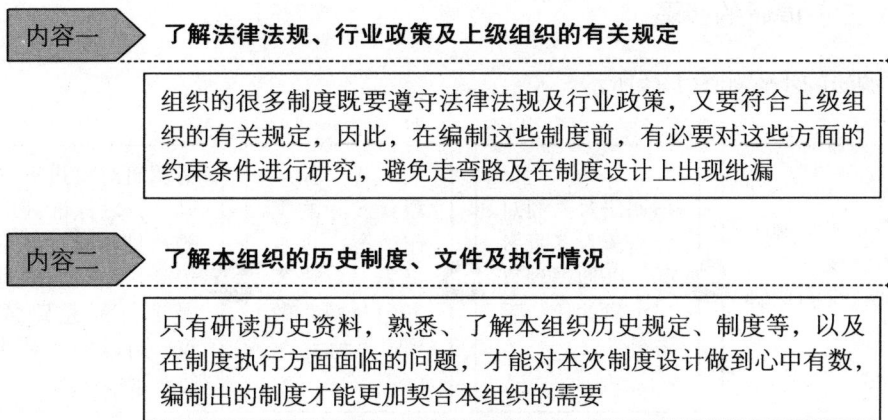

内容一　了解法律法规、行业政策及上级组织的有关规定

组织的很多制度既要遵守法律法规及行业政策，又要符合上级组织的有关规定，因此，在编制这些制度前，有必要对这些方面的约束条件进行研究，避免走弯路及在制度设计上出现纰漏

内容二　了解本组织的历史制度、文件及执行情况

只有研读历史资料，熟悉、了解本组织历史规定、制度等，以及在制度执行方面面临的问题，才能对本次制度设计做到心中有数，编制出的制度才能更加契合本组织的需要

图 1-3　调研的主要内容

内容三 ▶ **了解制度的设计意图**

与组织负责人及本项制度建设的发起人、发起部门交流，了解本项制度设计的意图和目标，是确保制度设计符合管理需要的重要环节

内容四 ▶ **与制度的执行人员进行沟通**

在一线从事实际工作的人员，特别是从事该项工作时间较长、经验丰富或成绩显著的人员，往往十分了解相关的工作情况，对应该怎么做、如何能做出更准确的判断。他们的意见和经验对制度编制具有较高的指导价值

内容五 ▶ **学习同行的先进经验**

在编制制度前，应找机会与同行或标杆企业交流，学习其成功经验，借鉴其实践中卓有成效的操作程序和经验。这不仅有益于完善本组织的制度，还对管理水平的提升大有裨益

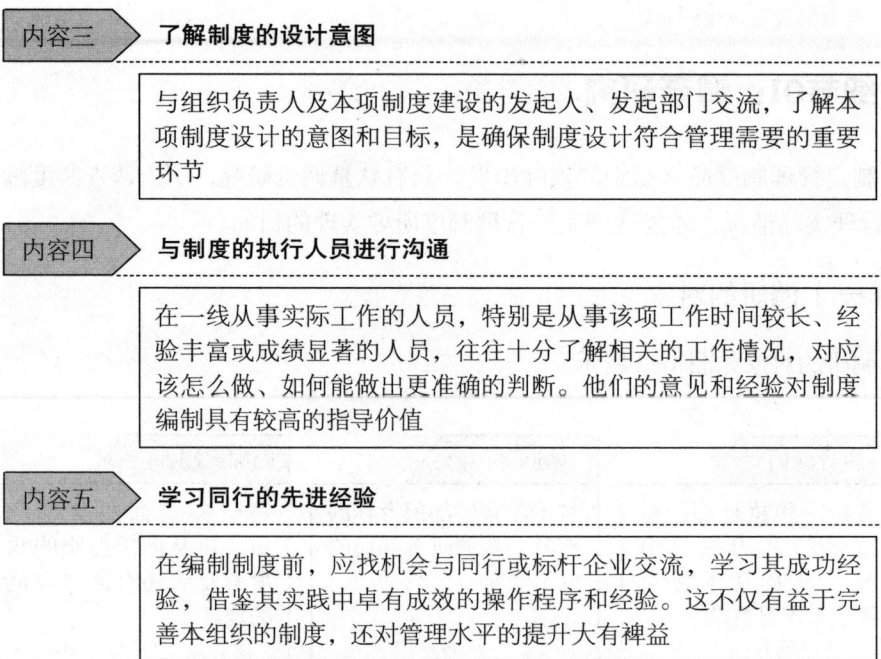

图 1-3　调研的主要内容（续）

小提示　　　成功组织的经验往往只能借鉴，编制团队应结合本组织的实际情况，有针对性地消化吸收，不能盲目照抄。

（三）调研的步骤

调研的步骤如图 1-4 所示。

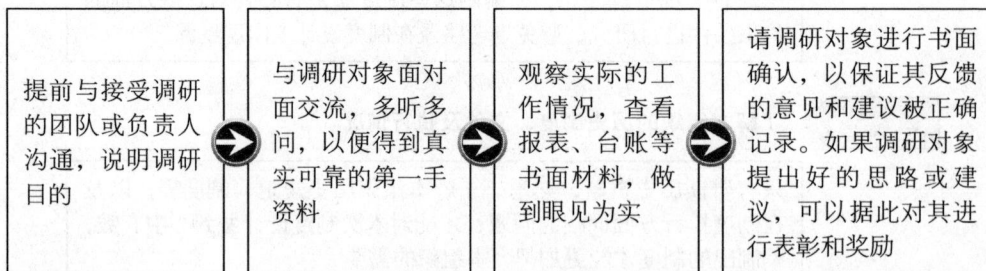

| 提前与接受调研的团队或负责人沟通，说明调研目的 | ➡ | 与调研对象面对面交流，多听多问，以便得到真实可靠的第一手资料 | ➡ | 观察实际的工作情况，查看报表、台账等书面材料，做到眼见为实 | ➡ | 请调研对象进行书面确认，以保证其反馈的意见和建议被正确记录。如果调研对象提出好的思路或建议，可以据此对其进行表彰和奖励 |

图 1-4　调研的步骤

细节02：分析设计

（一）分析资料

在充分调查研究的基础上，编制团队要对资料进行分析，对制度框架进行系统设计，并认真思考图 1-5 所示的六个问题。

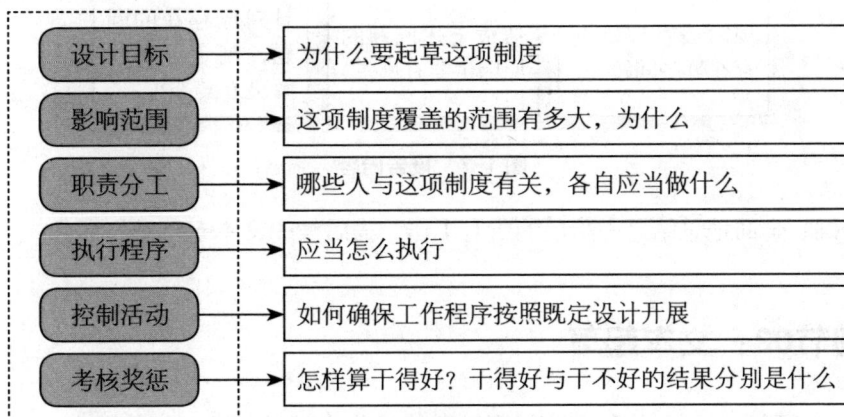

设计目标	→	为什么要起草这项制度
影响范围	→	这项制度覆盖的范围有多大，为什么
职责分工	→	哪些人与这项制度有关，各自应当做什么
执行程序	→	应当怎么执行
控制活动	→	如何确保工作程序按照既定设计开展
考核奖惩	→	怎样算干得好？干得好与干不好的结果分别是什么

图 1-5　分析资料时要考虑的问题

（二）平衡解决

做完分析后，编制团队要找解决方法，确定解决方法时一定要衡量成本、合规和效率这三个方面，具体如图 1-6 所示。

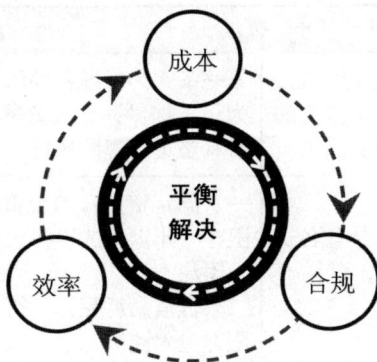

图 1-6　平衡解决

当然，也要根据组织的实际情况，合理安排这三个方面的优先级。

比如，初创企业可以将效率作为首要考虑因素，成本和合规的优先级可以适当靠后；如果企业已经进入发展稳定期或准备上市，就要优先考虑合规的问题。

（三）产出成果

这一步要将上面所做的工作整理成包含图1-7所示内容的报告。

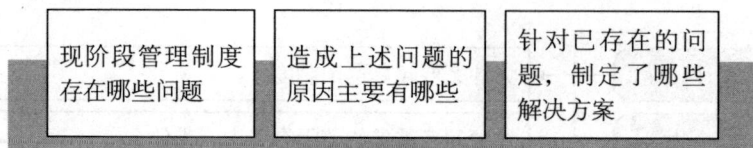

| 现阶段管理制度存在哪些问题 | 造成上述问题的原因主要有哪些 | 针对已存在的问题，制定了哪些解决方案 |

图1-7　报告内容

准确、全面地总结这一阶段的所有工作，为后续的文本起草做好准备。

细节03：文本起草

做完调研及分析，编制团队就可以开始起草管理制度了。在起草过程中，要特别注意制度的结构与行文。

（一）结构

完整的制度通常包括表1-1所示的六个部分。

表1-1　制度的结构

模块	具体说明	举例
综述	综述相当于制度的引言，应简要介绍本制度包含的内容	第一条　为保证各部门办公室整洁、工作有条不紊，为员工提供一个良好的办公环境，特制定本规则，所有员工应遵照执行
定义与范围	对制度中出现的专有名词进行准确的描述，以防产生歧义	一、固定资产：单位价值在2 000元以上，使用年限在一年以上的设备、用具、工具等，具体范围详见附注 二、低值易耗品：不符合上述条件的物品，具体范围详见附注
	规定制度的适用范围，如适用于整个集团，还是某分公司，或者某事业部等	第二条　本制度适用于管理中心、筹建处、各项目因公务需要对外的一切接待工作，以及各部门之间因工作发生的相互接待工作

（续表）

模块	具体说明	举例
职责与授权	明确各部门的分工，哪些是主导部门、哪些是配合部门要规定清楚	一、重要原始档案遵循"双人双控，共同管理"原则，由行政部统一管理
	明确管理权限，特别是涉及费用支出、资产处置、人员调整等重大事项的管理权限	第三条　项目接待费的审批权限 （1）_____万元人民币以上，由部门主管提交总经理审批，总经理通知董事会并做相关记录 （2）_____万元以下_____元以上，由部门主管提交总经理审批，管理层会签 （3）_____元以下_____元以上，由部门主管提交总经理审批 （4）_____元以下，由部门主管审批
内容与要求	制度中最主要的内容，将上一步骤中的产出成果展开，将解决方案整理成规范化要求	第四条　接待规定 1. 对于各类业务招待，接待部门应适当从紧控制陪同人员，陪同人员一般不超过需接待人员的 1.5 倍 2. 业务招待用餐坚持分级限标的原则。接待用餐一般应就近安排酒店 3. 午餐招待原则上不饮用酒类，确有需要时应适量 4. 营销部门执行招待任务前应填写业务招待费申请单，根据不同招待标准分别报不同审核人同意后方可执行。业务招待费申请单一式两份，申请部门和行政部各执一份 5. 业务招待费报账时实行"两单一票"的原则。即由接待人员在招待任务完成后凭招待费用的正式发票、财务规定的报账单和业务招待费申请单到财务部验证，由财务部主管确认后，再持报账单、正式发票经不同审核人签字后，到财务部办理报销手续 6. 财务部主管负责制定每年的业务招待费预算额度，并对其使用情况进行监督和控制
考核与奖惩	可以与责任人的绩效挂钩，也可以直接体现在实际收入中，但是相关标准一定要清晰公平、易于判断	第七条　行政部未能严格按标准审批额度的，每发生一次，扣罚行政部主管_____元并通报批评；负责接待的部门和人员在申请中有虚假行为的，每发生一次，扣罚相关负责人_____元并通报批评
附件与表单	对制度中出现的信息进行汇总，或者对某细则进行补充说明，可以是制度中提到的表单模板、详细的作业程序等	第二十条　若项目单位财务体系尚不健全，其管理权限上收到筹建处 第二十一条　具体操作方式详见《行政费用预算管理实施细则》

相关链接

各类管理制度包含的内容

1. 行政公文管理制度的内容

行政公文管理制度应明确行政公文管理的范围、程序、内容，具体包括：

（1）关于行政公文的起草、撰写、审核、批准、传阅（抄送）、存档和销毁的规定；

（2）不同公文的行文规范和格式要求；

（3）关于发文内容、落款和印章的规定；

（4）关于行政公文的可追溯性的规定；

（5）外来文件（来自上级部门、下级单位、平级单位的文件）的管理办法，包括对接收、传达、确认、落实、反馈等的规定；

（6）行政公文管理过程要与组织文化相匹配。

2. 办公用品管理制度的内容

办公用品管理制度应明确办公用品管理的范围、程序、内容，具体包括：

（1）办公用品管理的目的（目标）和任务；

（2）办公用品的范围和分类；

（3）办公用品的采购程序及供方选择程序；

（4）关于办公用品的入库、保管、领用、更换、报废等过程控制的规定；

（5）关于非一次性耗用办公用品的规范化使用和节约耗材（能源）的规定；

（6）办公用品使用说明书、操作手册等附带资料的管理办法；

（7）办公用品管理过程要与组织文化相匹配。

3. 档案管理制度的内容

档案管理制度应明确档案管理的范围、程序、内容，具体包括：

（1）档案管理的目的（目标）和任务；

（2）档案的范围和分类；

（3）关于档案的入档、保管、借阅、销毁等过程控制的规定；

（4）不同档案保存环境和期限的要求；

（5）档案管理过程要与组织文化相匹配。

4. 会议管理制度的内容

会议管理制度应明确会议管理的范围、程序、内容，具体包括：

（1）会议管理的目的（目标）和任务；

（2）关于外部会议的信息收集、分类、传达，参会申请，会议反馈等过程控制的规定；

（3）关于内部固定会议（例会）的召开类型、形式，参会人员、时间、地点变化的记录，会议记录，落实情况及效果分析的规定；

（4）关于临时会议的召开原因、类型、形式，告知方式，会议记录，落实情况及效果分析的规定；

（5）会议管理过程要与组织文化相匹配。

5. 后勤事务控制制度的内容

后勤事务控制制度应明确后勤事务控制的范围、程序、内容，具体包括：

（1）后勤事务控制的目的（目标）和任务；

（2）后勤事务控制实施、监督、检查等的责任部门和责任人；

（3）公共环境的基础建设配置和管理应符合组织特点和实际需要；

（4）生产（经营、工作）环境配置应当符合生产（经营、工作）需要，符合相关法律法规，以方便组织和服务客户为原则；

（5）关于支持性设施，如通信、运输（车辆）、餐饮、娱乐、安保等，以及相关责任人员的规定；

（6）后勤事务控制过程要与组织位文化相匹配。

6. 文件控制制度的内容

文件控制制度应明确文件控制的范围、程序、内容，具体包括：

（1）受控文件的类别，包括行政管理体系文件、外来文件、其他受控文件等；

（2）文件的编制、会签、审批、标识、发放、修改、回收程序，对外来文件还应当有收集、购买、接收等规定；

（3）关于行政管理体系实施部门、人员及场所使用的受控文件应为有效版本的规定；

（4）关于文件的保管方式、保管设施、保存期限及销毁的规定。

7. 记录控制制度的内容

记录控制制度应明确记录控制的范围、程序、内容，具体包括：

（1）行政管理过程所形成记录的填写、确认、收集、归档、保存等程序；

（2）关于记录的保管方式和保存期限的规定；

（3）关于行政管理体系实施部门、人员及场所使用的受控记录应为有效版本的规定。

（二）行文

作为组织管理的基础性文件，制度有特定的行文要求，主要体现在图 1-8 所示的五个方面。

要求一 ▷ **形式规范，清晰易读，表意清楚**

在形式方面，制度的行文形式必须规范，使制度简单易读，制度的意图必须表达清楚，能使读者立刻明白制度要求做什么、如何做、由谁来做

要求二 ▷ **开门见山，文字准确，符合规定**

在风格方面，制度文本应当充分考虑读者的接受和理解能力，简洁明了，不绕弯子，不用晦涩难懂的语言，尽量缩短篇幅。制度的文字使用要准确、规范、严谨，避免采用修饰性的、语义模糊的语句，关键词要符合组织的业务特点、使用习惯及相关规定

要求三 ▷ **逻辑严密，考虑周全，不留死角**

在行文逻辑方面，制度文本的逻辑应当严密，不应存在前后重复、逻辑颠倒的情况。对工作内容与工作流程进行描述时要尽量考虑周全，做到"横向到边，纵向到底"，尽量将所有可能的情况考虑清楚，给出明确的处理方案

要求四 ▷ **主体明确，流程合理，权责清晰**

在可操作性方面，必须对事项的执行主体做出明确规定，并明确制度执行各环节主体的权责，必须对相关流程进行清晰的界定，既要考虑工作效率，又要考虑有效控制，同时，重点工作要明确落实到具体部门或岗位

要求五 ▷ **行文稳健，朴实无华，文字简练**

在文风方面，要求行文稳健、朴实，不用华丽、带有感情色彩的文学语言，文字的前后风格要保持一致，尽量简练，不长篇大论

图 1-8　制度的行文要求

细节04：评估推演

（一）评估推演的内容

制度初稿起草完成后，编制团队要组织相关部门进行评估推演，评估推演的内容如图 1-9 所示。

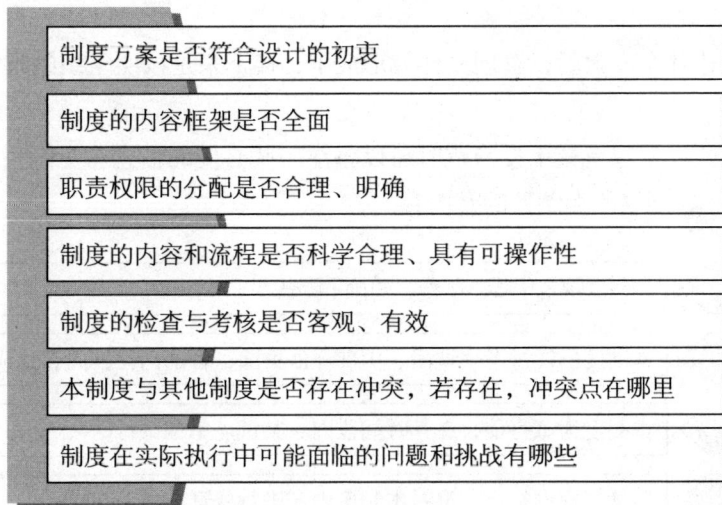

制度方案是否符合设计的初衷

制度的内容框架是否全面

职责权限的分配是否合理、明确

制度的内容和流程是否科学合理、具有可操作性

制度的检查与考核是否客观、有效

本制度与其他制度是否存在冲突，若存在，冲突点在哪里

制度在实际执行中可能面临的问题和挑战有哪些

图 1-9 评估推演的内容

（二）评估推演的步骤

评估推演其实就是"纸面演习"的过程，需要多个部门或团队共同参与，具体步骤如图 1-10 所示。

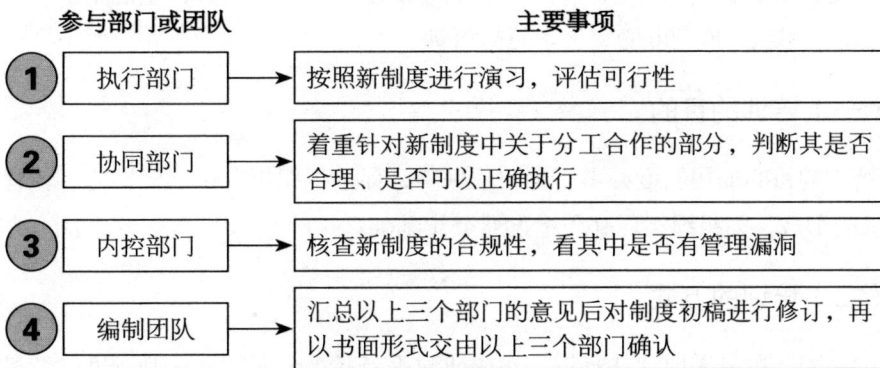

参与部门或团队	主要事项
① 执行部门	按照新制度进行演习，评估可行性
② 协同部门	着重针对新制度中关于分工合作的部分，判断其是否合理、是否可以正确执行
③ 内控部门	核查新制度的合规性，看其中是否有管理漏洞
④ 编制团队	汇总以上三个部门的意见后对制度初稿进行修订，再以书面形式交由以上三个部门确认

图 1-10 评估推演的步骤

> **小提示**
>
> 在第一轮评估推演后，评估推演结果一般会被呈交管理层，以便其反馈意见。编制团队应结合评估推演结果及相关的反馈意见，对制度初稿进行修改。

细节05：审核下发

经过上述几个步骤后，管理文件就形成了，接下来是按照组织的既定流程进行审核下发。

编制团队在发起审核下发流程时可以备注一些必要的信息（见图 1-11），便于审核者快速了解制度的编制目的及内容。

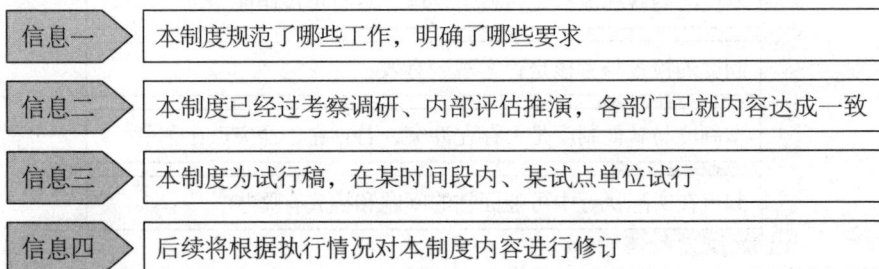

信息一	本制度规范了哪些工作，明确了哪些要求
信息二	本制度已经过考察调研、内部评估推演，各部门已就内容达成一致
信息三	本制度为试行稿，在某时间段内、某试点单位试行
信息四	后续将根据执行情况对本制度内容进行修订

图 1-11　审核下发应备注的信息

细节06：传达培训

为提升组织制度化管理水平，确保各项制度得以有效落实，全面增强执行力，编制团队应组织开展制度的宣贯学习与培训。

（一）培训的目的

培训的目的即用制度办事、用流程保障，促进组织规范化、标准化、流程化管理模式的形成，为组织实现高质量发展夯实基础。

（二）培训的方式

编制团队可以采取课件宣讲、集中研讨等方式，全面阐释编制制度的背景、目的、意义、要点及制度之间的关联性。

细节07：试点试行

任何一项制度都不可能一经制定就完美执行，所以需要试点试行的过程。

（一）试行的要求

那些被认为在进行一个阶段的实践后有可能进行修改或修订的制度往往需要试行。通常，试行的制度需要在标题中加注版本标记，一般是在文种后用括号注明"试行"字样。

（二）试行的期限

组织可规定 6 ～ 9 个月的试行期，试行期内不将制度的执行纳入考核，给大家一个缓冲期，在试行结束前 3 ～ 4 周汇总制度的执行情况及相关问题，进行一轮修订后再正式实施制度。

细节08：反馈修订

（一）修订制度的三种情形

修订制度的三种情形如图 1-12 所示。

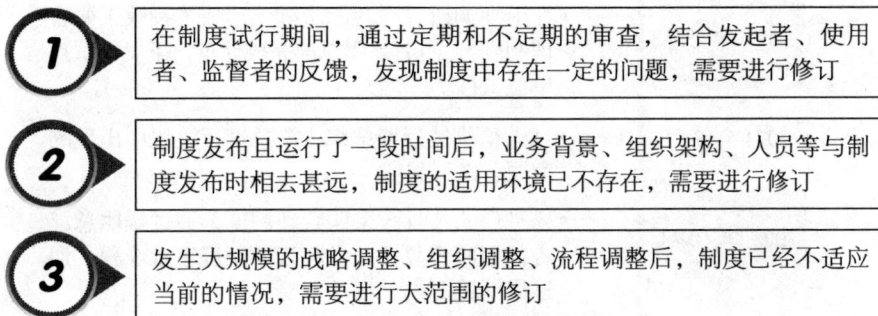

1 在制度试行期间，通过定期和不定期的审查，结合发起者、使用者、监督者的反馈，发现制度中存在一定的问题，需要进行修订

2 制度发布且运行了一段时间后，业务背景、组织架构、人员等与制度发布时相去甚远，制度的适用环境已不存在，需要进行修订

3 发生大规模的战略调整、组织调整、流程调整后，制度已经不适应当前的情况，需要进行大范围的修订

图 1-12　修订制度的三种情形

（二）修订制度的程序

修订制度的程序类似或等同于制定制度的程序，如图 1-13 所示。

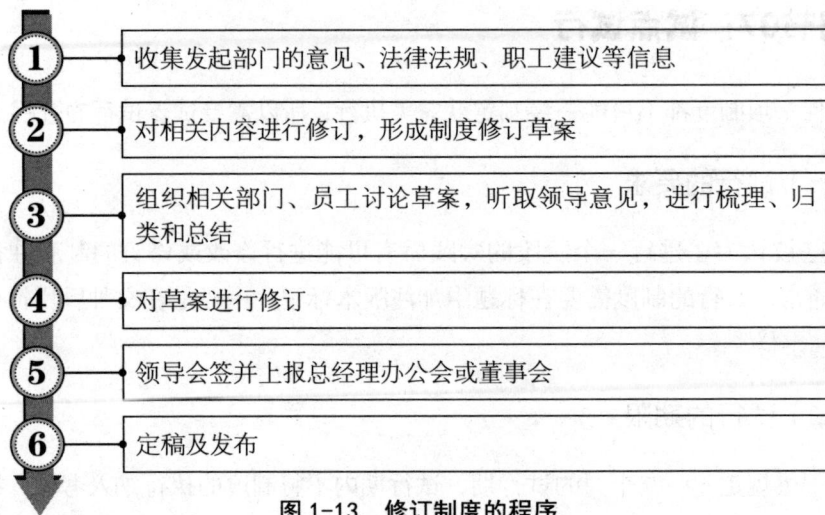

1. 收集发起部门的意见、法律法规、职工建议等信息
2. 对相关内容进行修订，形成制度修订草案
3. 组织相关部门、员工讨论草案，听取领导意见，进行梳理、归类和总结
4. 对草案进行修订
5. 领导会签并上报总经理办公会或董事会
6. 定稿及发布

图 1-13 修订制度的程序

（三）修订制度的周期

制度正式实施后，要根据组织的发展情况定期修订。如果组织稳定运行、变化不大，修订周期一般为 2～3 年；如果组织处于快速发展期，修订周期可以缩短为1.5～2 年。

某集团企业（在全国22个城市有49家分支机构）的《行政采购管理制度》执行时间线如图1-14所示。

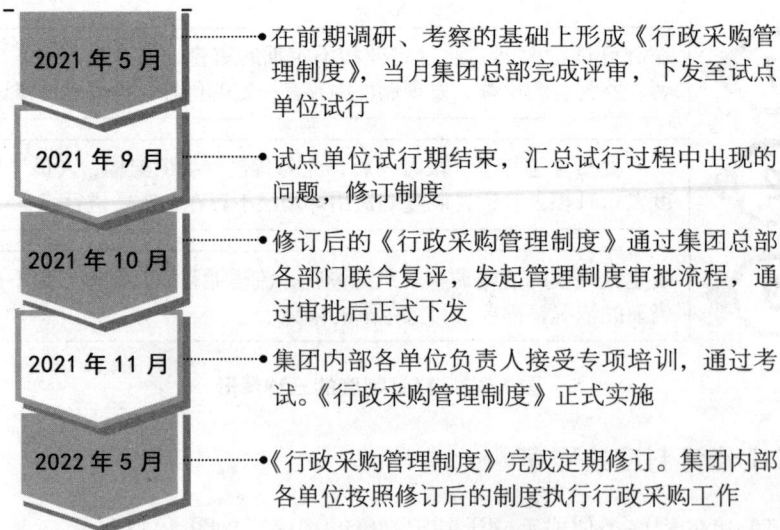

2021 年 5 月·在前期调研、考察的基础上形成《行政采购管理制度》，当月集团总部完成评审，下发至试点单位试行

2021 年 9 月·试点单位试行期结束，汇总试行过程中出现的问题，修订制度

2021 年 10 月·修订后的《行政采购管理制度》通过集团总部各部门联合复评，发起管理制度审批流程，通过审批后正式下发

2021 年 11 月·集团内部各单位负责人接受专项培训，通过考试。《行政采购管理制度》正式实施

2022 年 5 月·《行政采购管理制度》完成定期修订。集团内部各单位按照修订后的制度执行行政采购工作

图 1-14 某企业制度执行时间线

细节09：推动执行

制度的生命力在于执行。制度一旦建立，就必须不折不扣地执行，否则再好的制度也形同虚设。在某种程度上，执行制度比制定制度更重要。

对制度执行干扰性最强的是权力集中、管钱、管物的关键岗位和部门，这些岗位和部门可以利用手中的权力干扰某些制度的执行，摆脱制度的约束，谋求制度外的待遇和利益。要保证制度落实，排除制度执行干扰因素，推动制度执行，就要做到图 1-15 所示的几点。

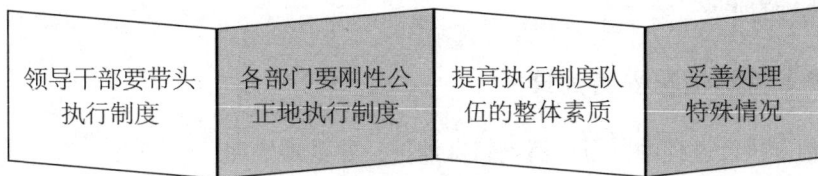

| 领导干部要带头执行制度 | 各部门要刚性公正地执行制度 | 提高执行制度队伍的整体素质 | 妥善处理特殊情况 |

图 1-15　推动制度执行的要点

（一）领导干部要带头执行制度

领导干部要率先垂范，把带头执行和维护制度视为自己的基本职责，把"有令必行""有禁必止"作为自己的行动指南，做执行制度的典范，带领全体职工崇尚制度、执行制度、维护制度的权威性。

（二）各部门要刚性、公正地执行制度

刚性执行制度就是坚持图 1-16 所示的原则，狠抓制度落实，确保制度执行不走样。在处罚上要改变过去初犯从轻处罚的做法，对第一个违反者从重处罚。

1 有制度必依　　**2** 执行制度必严　　**3** 违反制度必究

图 1-16　刚性执行制度的原则

公正执行制度就是要坚持图 1-17 所示的原则，消除制度执行中的权力干预、部门干预和人情干预，解决制度执行不力的问题。

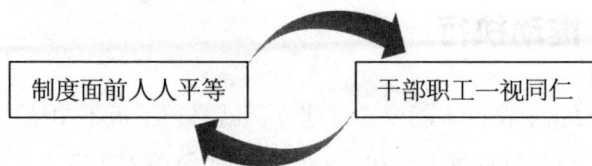

图1-17 公正执行制度的原则

（三）提高员工队伍的整体素质

持续引进原则性强、作风正派、素质高、能力强的人才充实员工队伍，不断提升制度执行的水平。

（四）特殊情况妥善处理

在制度执行过程中，万一遇到特殊情况，要妥善处理。

（1）在制度执行过程中，如果认为制度脱离实际、难以落实，部门相关责任人要及时与制度起草部门或行政部书面沟通，若无这种情况，就要对制度在本部门的落实情况负责。

（2）在制度执行过程中，如果发生重大情况，确实不能按制度执行，制度的执行部门或相关部门必须履行请示报批程序，经相关审批人同意后方可灵活处理，并要详细记录、存档备查。

细节10：督导检查

所有人员必须严格执行相关制度，各部门在检查制度的执行情况时，必须记录所有环节。记录一定要真实、全面，要留下管理的所有痕迹，并将其作为检查、督导和明确责任的依据。

（1）相关责任人在下发制度时应附一年内制度执行情况的检查计划：制度下发执行的前三个月，相关责任人每月都要对各部门的执行情况进行全面检查；制度下发三个月后，起草部门要至少每三个月检查一次落实情况，每次检查都要填写制度检查（制度评审）报告单（见表1-2）或形成书面报告，交给制度管理部门的制度建设人员。

（2）制度检查的主要内容包括制度是否得到严格执行、制度本身存在什么问题等。

表 1-2　制度检查（制度评审）报告单

制度检查（制度评审）				
制度名称			检查（评审）人	
起草部门			检查（评审）时间	
发布时间			检查（评审）方式	
检查（评审）意见 （此部分可另附材料）		制度执行存在的问题： 制度本身存在的问题： 改进建议：		
评审结果	结论	1. 建议继续使用_____ 2. 建议修改（编制）后使用_____ 3. 建议换版（编制）后使用_____ 4. 建议废止_____ 5. 建议配套编制实施细则后使用_____ 6. 建议与_____制度归并 7. 其他建议	评审人员：（签名） 时间：___年__月__日	
	确认	制度编制单位确认： 制度编制单位主管：_____ 时间：___年__月__日	行政部确认： 行政部主管：_____ 时间：___年__月__日	

环节 2　日常接待管理

做好接待工作，不仅可以提升组织形象，还可以为组织积累各种资源，扩大合作交流范围，从而推动组织的发展。对行政人员来说，接待的流程如图 2-1 所示。

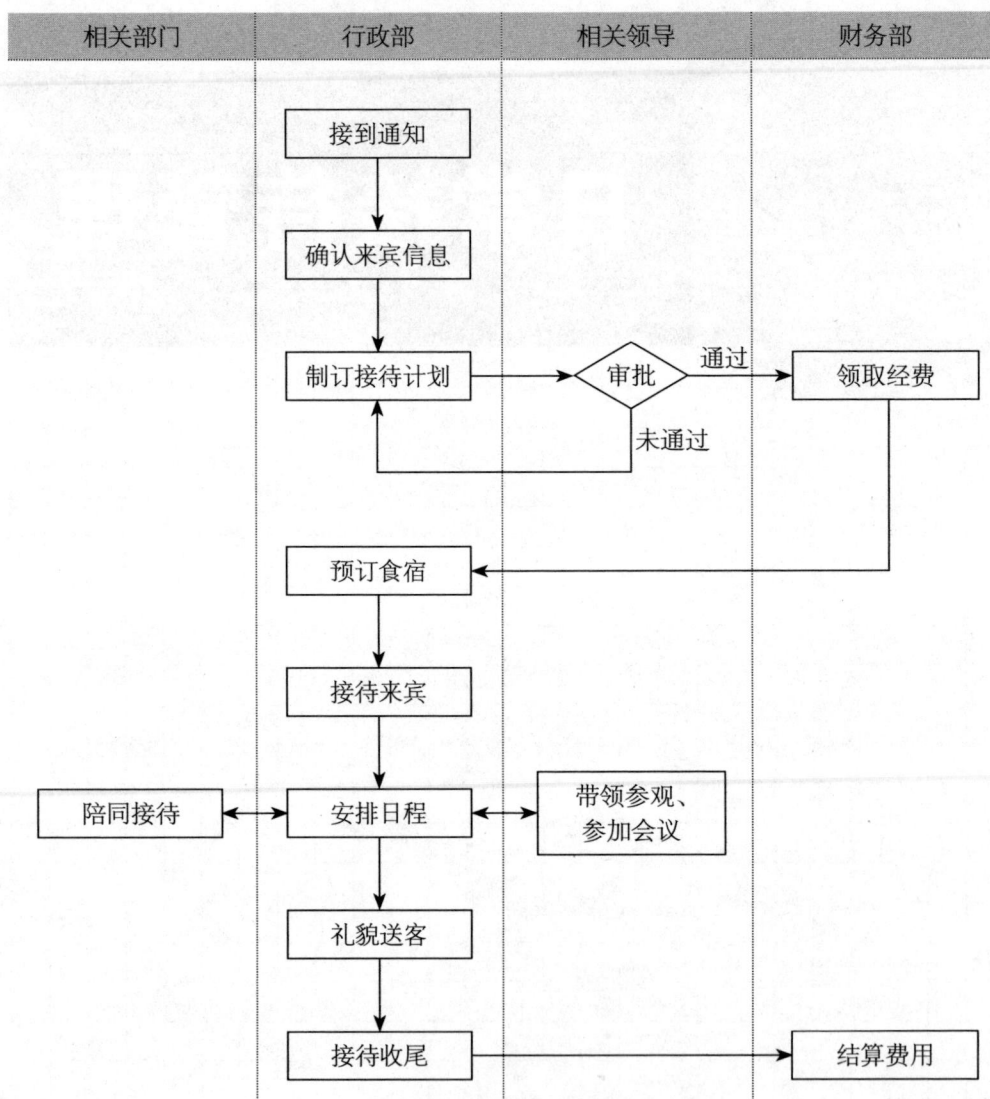

相关部门	行政部	相关领导	财务部

接到通知

确认来宾信息

制订接待计划 → 审批 ── 通过 ── 领取经费

未通过

预订食宿

接待来宾

陪同接待 ←→ 安排日程 ←→ 带领参观、参加会议

礼貌送客

接待收尾 → 结算费用

图 2-1 接待的流程

细节11：接待准备

接待工作是行政人员的一项日常工作。做好这项工作的先决条件是全面的接待准备。

（一）确认来宾信息

来宾信息的主要内容如表 2-1 所示。

表 2-1　来宾信息

来宾信息	说明
来宾身份	包括来宾的名单及各项身份信息（如姓名、性别、职位）、来宾背景、重要来宾个人信息及需要本组织配合的地方
来访目的	要明确来宾来访的目的，以便在此基础上合理、有针对性地实施接待计划。比如，政府某部门工作人员来访的目的是审查资质，合作伙伴来访的目的是参观厂区和了解业务等。只有明确来访目的，接待过程才会高效、顺利
来访状况	包括来宾的会见和参观意愿、参观路线和交通工具、抵达和离去的时间及方式、来宾的生活饮食习惯及禁忌等

小提示　接待人员一定要提前确认来宾对接待的要求，尤其是特殊要求，如是否需要准备特别菜式，是否有过敏源，对衣、食、住、行等有没有特殊要求等。接待人员要尽力满足来宾的要求，避免尴尬。

（二）制订接待计划

完整的接待计划包括接待规格、接待日程安排、接待经费开支等。

1.确定接待规格

接待规格根据主陪人相较于主宾职位的高低确认，针对不同的来宾采用不同的接待规格。接待规格主要分为高规格接待、对等接待、低规格接待，具体如表 2-2 所示。

表 2-2　接待规格

接待规格	内涵	说明
高规格接待	主陪人职位比主宾职位高的接待	表明接待方对被接待方的重视和友好，适用于比较重要的接待。常用于以下几种情况：一是上级组织派工作人员来检查工作，传达指示；二是平行组织派工作人员来商谈重要事宜；三是下级组织有重要事情请示；四是知名人物来访或先进人物来做报告
对等接待	主陪人职位与主宾职位对等的接待	这是最常用的接待规格
低规格接待	主陪人职位比主宾职位低的接待	常用于基层组织，如上级组织派人来研究、视察工作，来访目的是调研、参观、考察、走访等，可做低规格接待。在这种接待中，接待人员要特别热情、礼貌

2. 明确接待日程安排

接待日程安排是接待计划的重点内容之一，接待日程安排要点如图 2-2 所示。

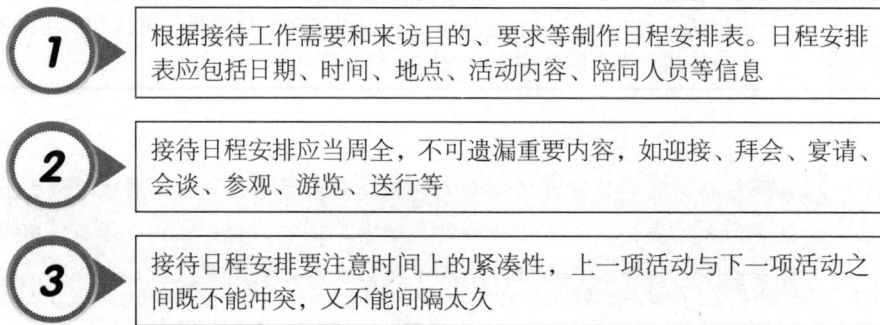

1　根据接待工作需要和来访目的、要求等制作日程安排表。日程安排表应包括日期、时间、地点、活动内容、陪同人员等信息

2　接待日程安排应当周全，不可遗漏重要内容，如迎接、拜会、宴请、会谈、参观、游览、送行等

3　接待日程安排要注意时间上的紧凑性，上一项活动与下一项活动之间既不能冲突，又不能间隔太久

图 2-2　接待日程安排要点

3. 列出接待经费开支

接待经费开支主要有工作经费、住宿费、餐饮费、交通费、劳务费、娱乐费用、纪念品费用、宣传公关费用等。

（1）接待费用预算项目

接待费用预算项目主要包括表 2-3 所示的内容。

表 2-3　接待费用预算项目

预算项目	说明
工作经费	如租借会议室、打印资料、购买文具等费用
住宿费	来宾和某些工作人员的住宿费
餐饮费	来宾和某些工作人员的餐饮费
交通费	来宾抵达后因出行产生的费用
劳务费	外请讲师讲课或演讲的费用、员工的加班费、服务人员的费用等
纪念品费用	为来宾准备的有纪念意义或有特色的礼品所需的费用
宣传公关费用	媒体宣传或请有关人士出席仪式、典礼等所需的费用

（2）接待费用预算拟定要求

为保证接待费用预算合理，行政人员在拟定接待费用预算的过程中应严格遵守图 2-3 所示的要求。

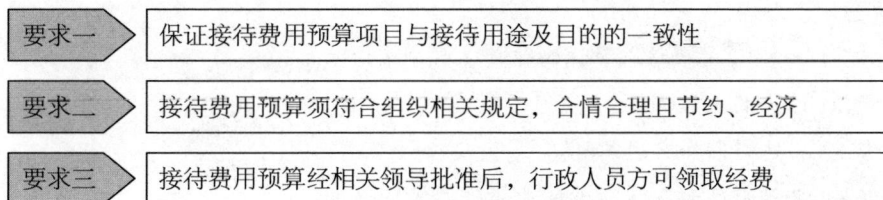

要求一	保证接待费用预算项目与接待用途及目的的一致性
要求二	接待费用预算须符合组织相关规定，合情合理且节约、经济
要求三	接待费用预算经相关领导批准后，行政人员方可领取经费

图 2-3　接待费用预算拟定要求

以下为一份来访接待计划书范本，仅供参考。

📖 范本

关于 ×× 公司来访的接待计划书

　　×× 公司将于 20×× 年 × 月 × 日上午在总经理王 ×× 的带领下一行 7 人来我公司进行为期 3 天的访问，此访问主要是为加强对我公司的了解。为了促进 ×× 公司与我公司的进一步合作，树立公司的良好形象，以及促进我公司又好又快地发展，公司各部门员工必须重视此次的接待工作，做好全方位的准备。为此精心制定了本次商务接待方案。

一、接待准备

（一）接待信息

1. 接待对象：××公司一行7人。

2. 接待时间：20××年×月×日—×月×日。

3. 接待地点：接机地点——××机场，送机地点——××机场，下榻酒店——××大酒店，参观地点——公司总部、公司厂区。

4. 接待规格：对等接待。

5. 接待原则：热情友好、细致周到、礼仪适度。

6. 接待小组：接待部总负责，公关部、办公室、后勤部配合协同（任务分配详情见附表1）

（二）接待前期准备

1. 收集信息。

（1）××公司的基本信息、未来发展态势，以及公司主要领导人对此次合作的意向、态度。

（2）××公司来访人员详细信息（见附表2）。

（3）过去的来访情况。

（4）抵达时间和交通工具。

（5）来访期间天气状况（负责部门：接待部）。

2. 询问对方意见，是否需要预订机票，若需要，根据所要求的时间和地点预订（负责部门：办公室）。

3. 安排住宿。提前预订房间（负责部门：接待部）。

4. 安排迎接车辆。七座商务车一辆，商务小轿车一辆，保证车辆清洁、安全性能良好，司机、车辆听从主接待人员协调安排（负责部门：办公室）。

5. 公司迎宾。参观人员到达前5～10分钟提醒相关人员做好迎宾工作（负责部门：公关部）。

6. 拟定会议通知及会议议程，并下发给参会人员（负责部门：办公室）。

7. 布置会场。为会议室准备花卉、茶水、音响设备、投影设备、桌签、横幅等，安排礼仪人员，安排摄影、摄像等（负责部门：办公室、后勤部）。

8. 准备资料。准备欢迎辞、欢送辞、公司宣传材料、会议洽谈资料（负责部门：办公室）。

9.事先安排好休闲活动，以及游览×××和×××等事宜（负责部门：办公室、接待部）。

附表：

1.接待工作任务分配

部门	人员	事项
接待部	李××	预订酒店，协助来宾办理酒店入住手续
	王××、吴××、许××、钱××	宴席（迎接宾客、确定菜单、检查环境、结算费用）
	李××	搜集来宾信息，提前安排休闲活动
公关部	孙××、郑××	公司迎宾
	杨××	联系厂区，协调参观事宜
办公室	张××、郭××、蔡××	拟定并下发会议通知及会议议程，撰写会议纪要，布置会场，准备会议物品，提供会间服务
	孙××	摄影、摄像
	王××	协调安排车辆
	丁××（秘书）	接送机、大厅集合、景点游览（购买门票、联系导游）
后勤部	钱××、蒋××	物品采购

2.来访人员详细信息

姓名	职务	年龄	性别	房号	喜好禁忌
王××	总经理	42 岁	男	806	不喜甜食
刘××	总经理秘书	29 岁	女	810	—
刘××	副总经理	37 岁	男	804	喜好书法
朱××	市场部经理	35 岁	男	816	—
赵××	研发部经理	36 岁	男	816	—
李××	市场部经理助理	32 岁	男	818	—
孙××	研发部经理助理	30 岁	男	818	—

二、接待日程安排及人员

（一）日程安排表

日期	时间	内容	地点	陪同人员	负责人
×月×日	8：20	接机	××机场	副总经理、秘书、司机	办公室主任
	10：00—11：20	入住	××大酒店		
	11：30—13：00	午宴	××大酒店一楼××厅	总经理、副总经理、市场部经理、研发部经理、秘书	接待部部长
	13：00—14：30	午休	酒店房间		
	14：40	集合	酒店大厅	秘书	
	15：00—17：00	参观公司	公司总部	总经理、副总经理、公关部人员、秘书	公关部部长
	18：30—20：00	晚宴	××大酒店五楼××厅	总经理、副总经理、秘书、各部门经理及优秀员工代表、摄影师	接待部部长
	20：20—21：30	饭后休闲	××休闲场所	副总经理、市场部经理、研发部经理	
×月×日	8：00	集合	酒店大厅	秘书	
	8：30—9：00	品尝××特色早餐	××茶社	副总经理、秘书	接待部部长
	9：50—12：00	参观厂区	公司厂区	总经理、副总经理、秘书、市场部经理、研发部经理、厂区经理	公关部部长
	12：00—13：00	午餐	厂区接待厅		接待部部长
	13：20—14：30	午休	酒店房间		
	14：40	集合	酒店大厅	秘书	
	15：00—17：00	洽谈会议	公司总部二楼会议室	总经理、副总经理、秘书、市场部经理、研发部经理、市场部经理助理、研发部经理助理	办公室主任
	18：00—19：30	晚宴	××大酒店宴会厅		接待部部长
	20：00—21：00	游览××××	××广场—××遗址	总经理、副总经理、秘书	办公室主任

（续表）

日期	时间	内容	地点	陪同人员	负责人
×月×日	7：30—8：00	早餐	××大酒店餐厅	—	接待部部长
	8：10	集合	酒店大厅	秘书	
	8：30—11：20	游览×××	×××风景区	副总经理、秘书	办公室主任
	11：30—13：00	送别午宴	××园	总经理、副总经理、办公室主任、秘书、部分部门经理	接待部部长
	14：00	集合	酒店大厅	秘书	
	15：00	送机	××机场	副总经理、秘书	办公室主任

（二）每日具体活动安排

×月×日

1. 迎接来宾。

时间：上午 8：20。

地点：××机场。

人员：副总经理、秘书、两名司机。

准备工作：迎接牌一个，鲜花两束，七座商务车一辆，商务小轿车一辆。

注意事项：

（1）副总经理和秘书及两名司机于 8：20 出发，在 9：10 之前抵达 ××机场。接机时高举迎接牌，让来宾能清楚看到。主动问候来宾后，帮来宾提拿行李，但注意不要拿来宾的贵重行李，如手提包等。

（2）引导来宾上车，其中对方总经理和副总经理及我方副总经理乘坐小轿车，副总经理坐在副驾驶位，后座右侧为对方总经理，左侧为对方副总经理。我方秘书及对方其余人乘坐七座商务车。

（3）接待部派人提前在酒店等候，协助来宾办理入住手续。

（4）将来宾送至 ××大酒店，引至安排好的房间。我方人员不宜久留，让来宾及时休息，消除疲劳。

2. 午宴。

时间：11：30—13：00。

地点：××大酒店一楼××厅。

出席人：我方总经理、副总经理、市场部经理、研发部经理、秘书，对方所有来宾（共12人）。

宴席规格：××××元／桌。

酒水：××××白酒（2瓶）、××××干红葡萄酒（2瓶）。

注意事项：

（1）秘书在午宴开始前，将拟好的菜单提前发给对方秘书，争取符合来宾的口味和饮食习惯，多介绍特色菜。午餐时尽量不饮酒，以免耽误行程。

（2）座次安排：主陪为总经理，副陪为副总经理；主陪右方为对方总经理，左方为对方副总经理，副陪右方为对方市场部经理，左方为对方研发部经理，其余人员按职务依次安排座次。

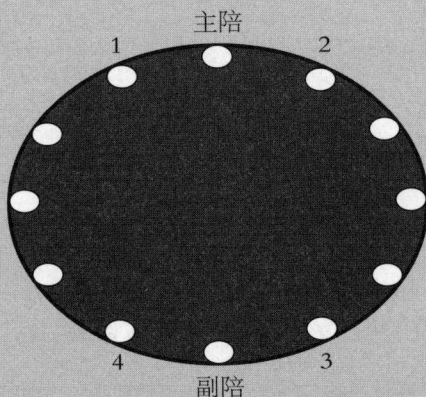

3.参观公司。

时间：15：00—17：00。

地点：公司总部。

出席人：我方总经理、副总经理、公关部人员、秘书，对方所有来宾。

流程：

（1）14：30派车去酒店接来宾至我公司。

（2）副总经理和公关部部长全程陪同，详细介绍公司各个部门及工作流程。

（3）向来宾展示我公司历年取得的荣誉。参观时要注意双方合照留念。

（4）参观完后，前往接待室休息。

注意事项：

公关部派人提前做好迎宾准备工作，放置写有"热烈欢迎××公司领导莅临指导"的欢迎牌。

4. 晚宴。

时间：18：30—20：00。

地点：××大酒店五楼××厅。

主题：携手扬帆，共创未来——××公司欢迎酒会。

出席人：我方总经理、副总经理、秘书、各部门经理及优秀员工代表，以及摄影师一名，对方所有来宾（共30人）。

形式：冷餐会。

宴席规格：××××元/人。

准备工作：

（1）接待部人员提前半小时入场检查现场，检查欢迎横幅和海报、鲜花、气球、彩带、酒水、茶点（酒店负责准备）。

（2）副总经理主持活动，总经理致欢迎辞，营造欢乐祥和的氛围。摄影师做好全程摄影工作。

5. 饭后休闲。

时间：20：20—21：30。

地点：××休闲场所。

出席人：我方副总经理、市场部经理、研发部经理，对方所有来宾。

费用：××××元/人。

×月×日

1. 早餐。

时间：8：30—9：00。

地点：××茶社（××区×××街××号）。

出席人：我方副总经理、秘书，对方所有来宾。

规格：××宴配×××茶（×××元/桌）。

2. 参观厂区。

时间：9：50—12：00。

地点：公司厂区。

陪同人员：总经理、副总经理、秘书、市场部经理、研发部经理、厂区经理。

活动具体安排如下。

9 : 30—9 : 50，从××出发，乘车 20 分钟至厂区。

9 : 50—11 : 30，参观厂区（参观厂区环境、了解生产流程）。

11 : 30—12 : 00，会议室座谈。

- 厂区介绍（观看厂区宣传片、介绍 PPT）。
- 技术交流（技术人员讲解 PPT，现场互动）。
- 会场服务（准备茶水及相关材料）。
- 拍照（依重要程度拍照留档）。
- 会后整理（整理会场，将客户所需资料装袋赠送）。

12 : 00—13 : 00，午餐（厂区接待厅）。

13 : 00—13 : 20，送来宾回酒店午休。

注意事项：

（1）确定行程后，提前通知厂区做好准备，与厂区相关负责人联系，告知参观事宜及注意事项。

（2）参观厂区期间，由讲解员全程陪同讲解。

（3）提前布置会场，准备好茶水、纸巾及所需文件资料，调试好话筒、投影仪等设备。

（4）安排专业人员对来宾提出的问题进行解答。

（5）午餐按照接待重要客户的规格准备。

宴席规格：××××元 / 桌。

酒水：××××白酒（2 瓶）、××××干红葡萄酒（2 瓶）。

3. 会议洽谈。

时间：15 : 00—17 : 00。

地点：公司总部二楼会议室。

主题：促进双方友好交流，推动双方进一步合作。

主持人：副总经理。

参会人员如下。

对方：总经理、副总经理、总经理秘书、市场部经理、研发部经理、市场部经理助理、研发部经理助理。

我方：总经理、副总经理、秘书、市场部经理、研发部经理、市场部经理助理、研发部经理助理。

会议议程：

时间	议程	发言人
15：00	宣布会议开始	主持人
15：05	我方致辞欢迎来宾	我方总经理
15：15	对方公司代表致辞	对方总经理
15：25	我方介绍 20×× 年产品研发情况及 20×× 年新产品情况	我方研发部经理
15：45	对方公司代表发言	对方研发部经理
16：00	我方介绍 20×× 年产品销售情况及 20×× 年市场调查及预测情况	我方市场部经理
16：25	对方代表提问	对方市场部经理
16：40	双方就协议涉及内容洽谈	
17：00	闭会并合影留念	

会议布置形式：横列式。

会议座次：长桌左右排列法。主位为××公司总经理，主位左边首位为××公司副总经理，主位右边首位为××公司总经理秘书，××公司其余人员按左右顺序依次落座；我方按照对方座位排布对应入座。

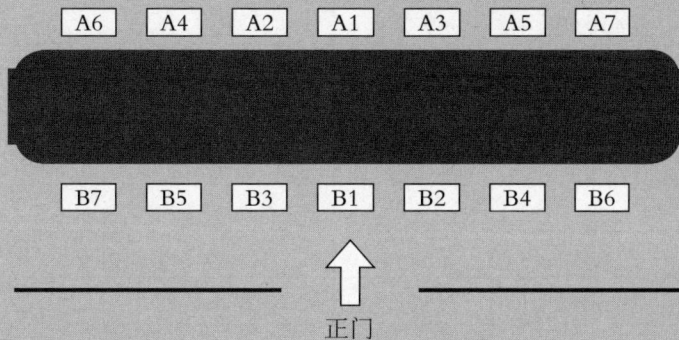

其中，A 为客方，B 为主方。

会议准备：

会议物品准备及会场布置如下。

（1）会场入口摆两盆绿色盆栽，会议桌中间摆放鲜花。

（2）每个座位前放一瓶矿泉水、一条放在小碟子中的湿毛巾，两个座位间放一盒纸巾。

（3）桌上按顺序摆放桌签、双方各配置两个话筒（双方总经理各一个，其余两个为流动话筒）。

（4）将所需资料文件（包括会议议程、公司宣传册、20××年上半年产品资料、20××年产品质量报告、20××年上半年客户反馈资料、20××年预计新型产品汇总资料、20××年市场预期调查报告等）分发至每个座位。

（5）将写有"××电子公司与××公司交流洽谈会"的横幅悬挂于幕布上方。

（6）安排摄影、摄像位置。

会前检查：

（1）检查调试计算机、投影仪。

（2）检查调试音响、话筒、拍摄设备。

（3）检查会场卫生，调试温度。

注意事项：

（1）服务人员及时添换茶水，更换毛巾。

（2）会后由本公司秘书撰写会议纪要。

（3）会间摄像、拍照及会后合影留念。

会议物品准备明细表：

序号	用品名称	数量	单价	备注
1	绿色盆栽	2	××元／盆	
2	鲜花	8	××元／盆	
3	横幅	1	××元／条	
4	纸巾	12	××元／盒	
5	矿泉水	2	××元／箱	
6	绿杨春	1	××元／包	
7	小碟子	14	××元／个	
8	毛巾	14	××元／条	
9	桌签	14	—	
10	茶具	14	—	公司自备
11	计算机	1	—	

（续表）

序号	用品名称	数量	单价	备注
12	投影仪	1	—	
13	话筒	4	—	
14	音响	2	—	公司自备
15	相机	1	—	
16	摄像机	1	—	

4. 晚宴。

时间：18：00—19：30。

地点：××大酒店宴会厅。

出席人员：我方总经理、副总经理、秘书、市场部经理、研发部经理、市场部经理助理、研发部经理助理，对方所有来宾（共14人）。

座次安排：主陪为总经理，副陪为副总经理。主陪左方为对方总经理，右方为对方副总经理，副陪左方为对方市场部经理，右方为对方研发部经理。其余人员按职位依次安排。

宴席规格：××××元／桌。

酒水：××××白酒（2瓶）、××××干红葡萄酒（2瓶）。

注意事项：

（1）接待部安排人员提前在××大酒店大厅等候来宾。

（2）对方总经理不能吃过于甜腻的食物，菜肴以清淡为主，辅以几道特色菜肴。

5. 游览×××。

时间：20：00—21：00。

地点：××广场—××遗址。

陪同人员：总经理、副总经理、秘书。

注意事项：

（1）司机驱车至××广场，来宾登船后，司机驱车至××遗址等候。游览完后送来宾回酒店。

（2）在船上准备果盘及茶水。

× 月 × 日

1. 早餐。

时间：7：30—8：00。

地点：×× 大酒店餐厅。

注意事项：

提前告知对方秘书此次用餐在 × × 大酒店内，需凭房卡用自助早餐。

2. 游览 ××。

时间：8：30—11：20。

陪同人员：副总经理、秘书、摄影师一名。

准备工作：

（1）秘书 8 点到达 × × 大酒店大厅等候。

（2）门票及饮品购买

路线：× × — × × — × × — × × — × ×（配备导游讲解）。

3. 送别午宴。

时间：11：30—13：00。

地点：× × 园。

出席人：我方总经理、副总经理、办公室主任、秘书、部分部门经理，对方所有来宾（共 15 人）。

宴席规格：× × × × 元 / 桌。

酒水：× × × × 白酒（2 瓶）、× × × × 干红葡萄酒（2 瓶）。

注意事项：

（1）午餐结束后将准备好的礼品套组送给每位来宾。礼品包括 × × 漆器和× × 套装。

（2）将来宾送回酒店稍作休息及整理行李。

4. 送机。

时间：15：00。

陪同人员：副总经理、秘书。

注意事项：

协助来宾办理登机手续，待来宾全部进入登机口后方可离去。

三、接待后期工作

1. 总结提升：接待完毕后组织总结会，改善不足之处，提炼经验（负责部门：办公室）。

2. 宣传报道：24 小时内进行宣传报道（负责部门：公关部）。

3. 费用清算：及时核算接待过程中产生的费用（负责部门：财务部、后勤部）。

四、经费预算

项目	单价	数量	小计	备注
宴请费用	××××元／桌、酒水××××元	1	××××元	×月×日午宴
	冷餐会×××元／人	30		×月×日晚宴
	××××元／桌	1		×月×日早餐
	××××元／桌、酒水××××元	1		×月×日午餐
	××××元／桌、酒水××××元	1		×月×日晚宴
	××××元／桌、酒水××××元	1		×月×日送别午宴
娱乐费用	××××元／人	10	××××元	饭后休闲
	××××元／人	14		游览××
	××××元／人	10		游览××
会议费用	××××元		××××元	
礼品费用	××××元／人	7	××××元	
鲜花	××××元／束	2	××××元	
合计	××××元			

（三）安排预订

行政人员应根据搜集到的来宾信息做好表 2-4 所示的预订工作。

表 2-4　预订工作

预订内容	说明
衣	按需要准备统一的制服，以及参观工作区域时穿戴的防护服、头盔等
食	预订接风宴的包房及来访期间的餐食；需送鲜花、水果的，要向供应商预订鲜花和水果；采购茶点等

预订内容	说明
住	根据接待规格，跟宾馆、酒店确认客房预订情况
行	预订用于迎接的车辆，可以是自有车辆或租赁车辆；迎接来宾时，应在大门处立电子欢迎牌
会议室	提前布置会议室，预留会议时间；确保会议设备（如话筒、投影仪等）无故障；在会议过程中，茶点和饮品必不可少，应提前通过来宾信息掌握其喜好，避免发生过敏等情况

细节12：热情迎客

（一）迎接准备

（1）迎接人员应当准确了解来宾所乘交通工具的航班号或车次及抵达时间。接机或接站前，应保持与机场或车站的联系，随时掌握来宾所乘航班或车次及天气的变化情况。万一晚点，应及时做出相应安排。

（2）接机或接站时，迎接人员应留足途中时间，提前到达机场或车站，以免因迟到而失礼。

（3）如果来宾人数较多，为了避免在接机或接站时混乱，应事先排定乘车表，在来宾抵达后将乘车表发至每位来宾手中。

（4）根据来宾和迎接人员的人数及行李多少安排车辆，乘车座位安排应适当宽松。

（二）迎接规格

迎接规格一般应遵循对等或对应原则，即主要迎接人员的身份应与来宾的身份相当。若出于种种原因，接待方重要人员不能参加迎接活动，使双方身份不能完全对等或对应，可以灵活变通，按业务对口原则安排适当的人员迎接，但应及时向对方做出解释，以免对方误解。

（三）迎接礼仪

1.总体原则

迎客时应走在客人前面。

2. 引导礼仪

（1）引导位置

接待人员应站在来宾左前方，距来宾 0.5 ~ 1.5 米，传达"以右为尊、以客为尊"的理念。引导来宾上楼时，应让来宾走在前面，接待人员走在后面；下楼时，接待人员走在前面，来宾走在后面。上下楼梯时，应注意来宾的安全。

（2）引导语言

要使用明确而规范的引导语言，多用敬语，如"您好""请"，以表达对来宾的尊重。

3. 电梯礼仪

（1）引导至电梯口

如果只有一位来宾，接待人员按住按钮，请来宾进入电梯。如果有两位以上来宾，接待人员与电梯门成 90 度角站立，用靠近电梯门一侧的手采用直臂式手势护梯，另外一只手用曲臂式手势邀请来宾进入，具体如图 2-4 所示。

图 2-4　引导来宾进电梯

（2）陪同进入

如果只有一位来宾，先请来宾进入，接待人员紧跟进入，站到电梯按钮附近，身体背对电梯壁，与电梯门成 90 度角。如果有两位以上来宾，接待人员先说"请稍等"，然后走进电梯，用另一只手邀请来宾进入。出梯时，接待人员按住按钮说"您先请"，等来宾都走出去后，再走出去引导。

（3）电梯站位

电梯内，越靠近内侧，位置越尊贵。接待人员应站在电梯按钮附近。电梯站位如图 2-5 所示，数字越小的位置越尊贵。

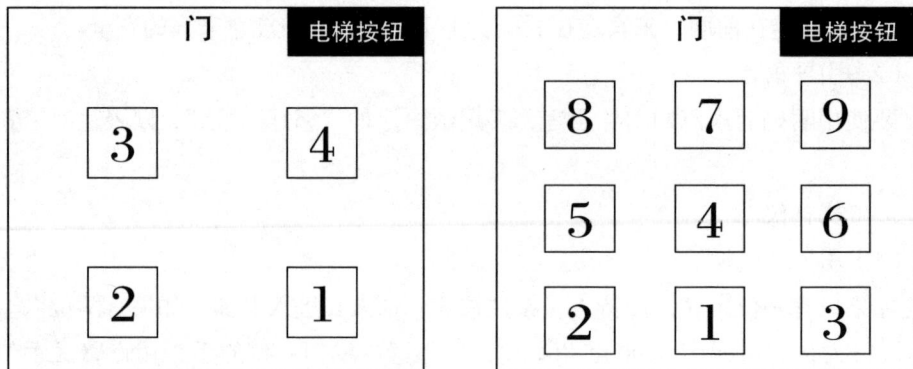

图 2-5　电梯站位

细节13：细致待客

（一）妥善安排来宾的生活

（1）将提前制作好的住房表随同房卡一起发给来宾。住房表可以使来宾清楚自己所住的房间，也便于来宾入住客房后宾主之间相互联系；房卡可以在来宾下榻宾馆的前台发放。

（2）来宾抵达宾馆后，接待人员应在服务人员的配合下将来宾引入客房，送上茶水，安排住宿。如果来宾人数较多，住房安排应集中一些。将来宾都安顿好后，应告诉来宾用餐的时间和地点，然后让来宾休息片刻，以消除旅途中的疲劳。到了用餐的时间，接待人员应主动请来宾至餐厅用餐。

（二）安排活动日程

将来宾的住宿、用餐安排妥当后，接待人员应向来宾了解具体来访意图，共同商讨具体的日程安排；充分尊重来宾的意见和要求，对事先拟好的接待计划做适当的调整，然后把修改后的计划向主管领导汇报并通知有关方面做好准备工作。

（三）安排领导看望来宾

按照大体对等的原则，接待人员要根据本组织领导的意见通知有关领导去宾馆看望来宾，还要安排好会见地点、时间及陪同人员。会见前，接待人员应向领导介绍来宾的有关情况；会见时，接待人员应负责引见。

（四）组织各项活动

接待人员应按照日程安排精心组织各项活动。若来宾要听取汇报或召开座谈会，则接待人员应安排好会议室，通知参加人员做好准备，准时到达会议室；若来宾要深入基层了解具体情况，则接待人员应安排好车辆和陪同人员，并把到访的准确时间告诉相关单位，保证活动的顺利进行。

（五）安排宴会和游览

根据相关规定，适当安排必要的宴会，但应注意陪同人员的人数，不得铺张浪费。同时，可根据来宾的愿望和要求，安排来宾游览当地风景区和名胜古迹。

1. 宴会安排要求

接待人员应确认宴请人数、来宾职务、宴会时间及地点，提前通知酒店；预先通知来宾和陪餐领导宴会的时间、地点；摆放宴会桌签，并认真核对；提前1小时到达，督促检查有关服务；严格按拟定宴会菜单上菜、上酒水等，遇特殊情况可按主陪领导意图处理，准确把握上菜节奏，不宜过快或过慢；主动引导来宾入席、离席。

2. 宴会礼仪

（1）确定宴会规格

宴会的规格要依据出席者中的最高身份、宴请目的及人数等情况确定，规格过高或过低都不妥当，过高容易浪费，过低又会显得不礼貌。

（2）确定菜单

宴会菜单要依据宴会的规格确定。综合考虑宴请的目的及来宾的身份，做到丰俭适宜。整桌菜要有主食和辅食，荤素搭配，凉热菜兼具。在确定具体的菜肴时，要选择大多数来宾喜爱的口味，尽量照顾来宾的饮食习惯。

（3）安排席位

在中餐宴会中，一般 8 ～ 12 人围坐一张圆桌。席位一般按来宾职务排列，正对着门的席位为主位，1 号来宾坐在主位右手的一侧，2 号来宾坐主位左手的一侧，

3、4、5、6、7、8、9 号来宾依次分别坐在两侧，具体如图 2-6 所示。

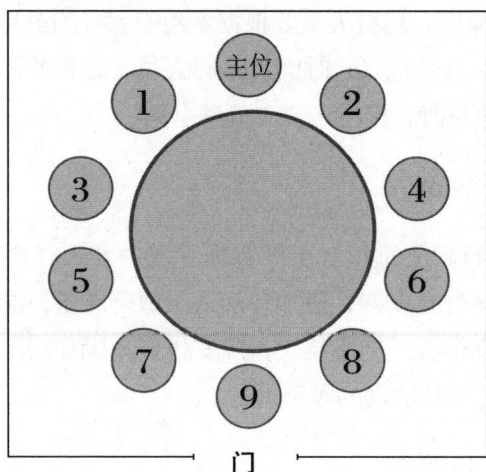

图 2-6 宴会席位

如果有两桌或两桌以上，就要以"面门为上，以近为大，居中为尊，以右为尊"为原则，其他桌子依据位次高低来安排，位次越高离主桌越近，位次高的在主桌右边。

> 必要时，可以在每张桌子上放来宾姓名牌，以便来宾对号入座。对于提前到达的来宾，可以将其引导至休息室。

小提示

（4）布置宴会现场

宴会现场的布置要与宴会的主题匹配。现场要有与主题相适应的装饰品，如壁画、油画、书法作品、花草等。宴会厅内环境要高雅、协调、整洁、美观，使来宾一进入宴会厅就有舒适、愉快的感觉。

细节14：礼貌送客

如果说迎宾是接待工作的序曲，那么送客就是接待工作的结束曲。因此，有经验的行政人员总是十分重视送客的礼仪，所谓"出迎三步，身送七步"，有始有终才是真正的送客之道。

（一）办公室道别

在办公室道别要由来宾先提出，当来宾提出告别时，主人及接待人员应当在来宾起身之后再起身。宾主双方握手道别时，应由来宾先伸手，主人随后伸手。如果与来宾常有来往，主人可以送到办公室门口或电梯门口；如果来宾是初次来访，主人应该适当送远些，至少由接待人员送至办公区域之外。

（二）设宴饯别

设宴饯别是指主人为来宾专门举行一次饯别宴会，这是送别外地来宾的常用方式。饯别宴会视来宾的饮食喜好安排，一切以来宾为主。

1. 饯别时间

一般选择在来宾离开的前一天。主人应该与来宾预约时间，避免打乱来宾的行程安排或影响其休息。

2. 人员选择

参加饯别宴会的人员应该选择与来宾身份、职位相似者及相关部门的工作人员。

3. 饯别时的话题

饯别宴会并非以吃饭为主，有些话题是主人应该提到的。例如，主人可以谈及对此次会面的深刻印象，以表达惜别之意；询问来宾的意见或建议；问候来宾有无需要帮忙的事情等。

> **小提示**
>
> 在饯别宴会的适当时机，主人可将精心准备的礼品送给来宾，以示热情。

（三）专程送行

专程送行是指外地的重要来宾离开时，主人安排车辆、人员等专程送别。这种送客方式尽显主人的热情与周到。

（1）送行之前同样要与来宾预约时间，尽量照顾来宾的时间安排。

（2）送行人员应选择与来宾身份、职位相似者或相关部门的工作人员。

（3）如果来宾有自己的专用车辆，送别地点可以选在来宾的住所；如果来宾没有专用的车辆，主人应该为其安排好车辆，将其一直送至机场或车站，并帮助来宾处理好行李搬运、行李托运等相关事宜。宾主双方可以在送行地点再叙片刻。此时，主人可以送上精心准备的礼品。

（4）送行人员应该在来宾乘坐的交通工具启动后再离开，至少在对方离开自己的视线后方可离开。这样，万一来宾搭乘的交通工具因故晚点或出现其他特殊情况，送行人员可以及时予以关照。

细节15：接待收尾

（一）结算费用

接待结束后要进行费用结算。衣、食、住、行各个方面的费用，都要精细地一一汇总、核算，然后再按照单位章程对接财务进行结算。

（二）发文宣传

接待结束后，行政部要及时安排发出相关的宣传文章，将此次接待作为品牌宣传的好机会，借此提高组织的市场声量，获得更多的商业机会。

（三）总结经验

每次接待任务完成后，要及时、认真地进行总结，肯定成绩，找出差距，对有突出贡献的单位和个人进行表彰。只有不断总结经验教训，深化对接待工作的认识，才能不断提高接待工作的水平。

环节 3　　会务管理

一般来说，组织的会务工作主要由行政部承办，由其成立会务组，指定专人负责。即使是其他部门主办或召集的会议，行政部也应予以协助。会务工作流程如图 3-1 所示。

相关部门	行政部	相关领导	财务部

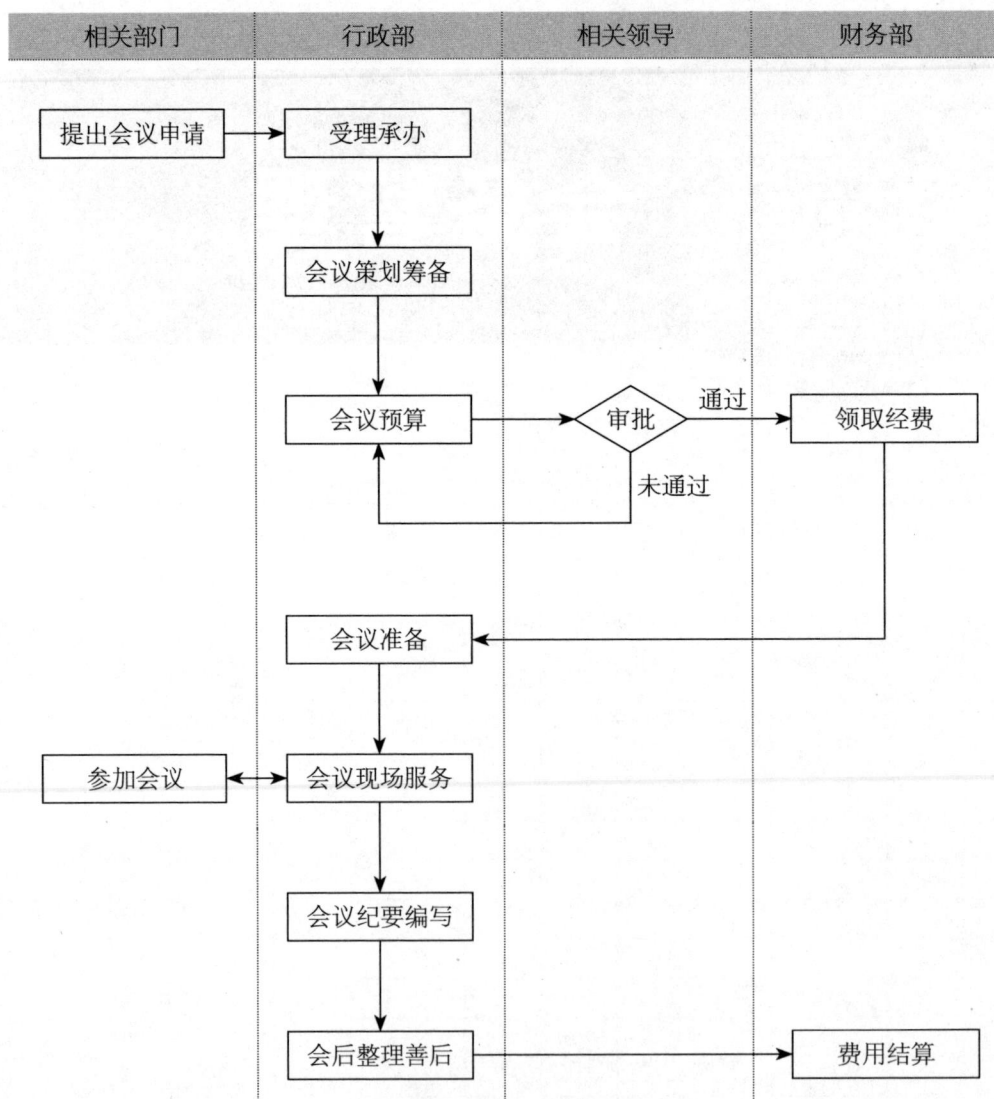

图 3-1　会务工作流程

细节16：会议策划筹备

一场会议特别是大中型会议往往涉及点多，涉及面广，筹备工作稍有疏忽就会出现不可控因素，进而造成难以弥补的失误，产生不良影响，因此会务人员要认真做好会议策划筹备。

（一）确定会议形式

会务人员在筹备会议时，第一步就是确定会议形式。企业常见的会议形式如表 3-1 所示。

表 3-1　企业常见的会议形式

类别	具体说明
股东（大）会会议	股东（大）会是企业的最高权力机关，由全体股东组成。股东（大）会会议一般对企业重大事项进行决策，选任或解除董事等
董事会会议	董事会会议是董事会为了研究并决定企业重大事项和紧急事项而召开的会议。董事会会议一般由董事长主持召开，根据议题可请有关部门人员列席
新闻发布会	新闻发布会又称记者招待会，是政府、企业、社会团体为公布重大新闻而举办的会议，是向公众传递信息的一种手段
座谈会	座谈会属于探讨性会议。会议主持人与参会者可以在座谈会上充分探讨问题，阐述自己的观点和想法
经验交流会	经验交流会是组织管理者指导和深入开展工作的重要手段
展览会	展览会是指通过实物、图片来宣传组织的最新产品、组织形象及经济建设成果的会议。展览会较为直观，加之生动形象，往往容易使公众信服，达到预期的宣传效果
年终表彰大会	召开年终表彰大会主要是为了表彰本年度为组织做出卓越贡献的职工

（二）确定会议的议题

会议议题是会议需要商议研究的主题，一般由会议发起者确定，会务人员从旁协助。会务人员可以有针对性地收集一段时间以来相关工作的进展情况，如相关工作出现了哪些问题、哪些问题需要尽快解决等，供会议发起者参考。

（三）拟定会议的议程

会议议程是指会议的程序。会议议程除了要涵盖足以实现会议目标的各种议案，还包括参会者姓名、会议时间、会议地点等。

会议议程编排要求如图 3-2 所示。

要求一 ▶ **按照议案的轻重缓急编排**

会务人员应将紧急事项排在前面，将非紧急事项排在后面

要求二 ▶ **合理安排入场及离场时间**

若议程中列明几点几分到几点几分用于探讨某一议案，则会务人员可以特意安排某些人晚一些到场（即令某些人在他们的议案被讨论的前几分钟进入会场），也可以让某些人早些离场（即令某些人在他们的议案被讨论后离开会场）

图 3-2 会议议程编排要求

为了让参会者及早做好准备，会务人员应将会议议程随会议通知发给参会者。

> **小提示**
>
> 有些组织并不准备会议议程，这是一种不良习惯。会议议程不仅能规范会议的内容，而且可以约束会议的次序与节奏。

（四）确定参会的人员

（1）对于有固定出席人员的会议，会务人员应根据会议性质、内容和相关规定，制作固定出席及列席人员名单，并上报有关主管审核。同时，要根据会议需要制作其他列席人员名单，报请领导审定。

（2）对于没有固定出席人员的会议，会务人员应当根据上级领导的指示、会议性质、内容及相关规定，制作会议出席及列席人员名单，并报请领导审定。

（五）拟定会议日程

会议日程是指会议期间每一天的具体活动安排。会议日程是会务人员判断会议组织实施情况的重要依据。

（六）确定会议时间

1. 会议时间必须包括起止时间

有些会议通知只列明会议开始时间，而无结束时间，这种做法会导致图 3-3 所示的两种后果。

图 3-3　不列明会议结束时间导致的后果

为了避免出现图 3-3 所示的两种情况，对于每一场会议，都应列明结束时间。对于有些会议，如解决问题的会议，会务人员可能难以把握准确的结束时间，但至少应指明会议最迟在何时结束。

2. 会议持续时间

（1）会议持续时间以不超过 1 小时为宜，因为一般人集中注意力的时间通常不超过 1 小时。

（2）若会议探讨的是极其严肃或极其复杂的主题，则一场会议的持续时间以不超过 1.5 小时为宜。

> 在选择会议时间时，会务人员既要考虑自己方便出席的时间，又要考虑参会人员方便出席的时间。若参会人员对会议时间安排不满，则势必影响会议目标的实现。

（七）准备会议所需的文件资料

做好会前准备工作是办好一场会议的前提条件，而文件资料的准备则是会议策划筹备期绕不开的重要工作。会议策划筹备期需准备的文件资料主要有表 3-2 所示的几类。

表 3-2　会议策划筹备期需准备的文件资料

类型	说明
会议邀请类文件	包括邀请联合主办、协办、承办会议单位的函件，以及领导、嘉宾、一般参会人、媒体等各类邀请函
会议请示、审批类文件	报领导及审核部门审批的会议请示文件、会议经费预算的请示文件等
会议策划与运作方案	贯穿会议前期筹备、执行到后期复盘，包含会议分工、日程安排、工作人员通信录等具体细节的完整方案
协议类文件	包含但不限于会议承办说明、食宿与场地协议等
新闻通稿	为实现统一宣传口径、为媒体报道提供便利等目的，由会议主办方提前准备并发送给媒体记者的新闻稿件
会议情况介绍	主要作为会前新闻发布会、预告等的素材，同时也随新闻通稿同步至媒体，供媒体撰写报道时参考。若有需要，也可搭配媒体采访须知或采访手册
会议内容文件	与会议内容密切相关的文件资料，如演讲中会提到的论文、指导性文件、学习资料等
会议手册	包含会议须知、座位表、议程安排、食宿安排、交通安排、活动安排、注意事项、工作人员联系方式等
演讲稿类文件	包括领导致辞、讲话稿及有关人员发言稿、祝酒词、会议主持稿等
会议质量评价材料	如调查问卷

（八）准备会议所需的办公用品

会议所需的办公用品包括文具、纸张、簿册、放映装置（如投影仪）、记录物品（如摄像机、录音笔）、话筒等。表 3-3 为会议用品明细表。

表 3-3　会议用品明细表

会议名称					
主办单位				负责人	
协办单位					
名称	单位	数量	规格		备注

（九）布置会场

1. 选择会议地点

会务人员在选择会议地点时一定要考虑会议的目的、持续时间和预算，如表 3-4 所示。

表 3-4　会议地点

会议地点	说明
本地现场	大多数现场会议（参会人员为 15 个及以上）通常在组织内部举行。这种会议花费少、效率高
本地非现场	会务人员应亲自考察本地非现场会议的召开地点
外地现场	（1）位于其他地区的分公司（或下属单位）有相关议题需要总部管理人员参与讨论时，常采用外地现场会议 （2）会务人员应进行现场考察。另外，若分公司（或下属单位）也有活动策划人，应双方合作，共同安排 （3）完成所有准备工作后，会务人员应检查一切是否按照计划进行。若计划有误，会务人员应负主要责任
外地非现场	一些特别会议（如销售会议）往往采取这种方式，而且会议可能会持续很多天。要想使活动受欢迎，会务人员可以考虑把会场设在风景名胜区，这样可以使参会人员更加放松。但是，会务人员要事先进行现场考察

2. 布置会场

选定会场后，会务人员要做好布置工作。不同的会议要有不同的会场气氛，如庆祝大会的会场要喜庆，纪念性会议的会场要肃穆典雅，座谈会的会场要温暖、让人感到亲切。

大型会议的会场大多设主席台，主持人与参会人员面对面。大型会议多在礼堂、会堂召开，主席台一般设在舞台上。中型会议的主席台设在舞台上下均可；若设在台下，离参会者更近一些。小型会议一般不设主席台。

会场布置形式依会场大小、形状、会议需要、参会人数多少而定，要符合美学原理。会场布置形式如表 3-5 所示。

表 3-5　会场布置形式

会场布置形式	说明
围桌式	会务人员应在圆桌或方桌周围安放椅子，确保会议成员可以自由交谈。此形式适用于 15 ~ 20 人的小型会议
"口"字形	若出席会议的人员较多，会务人员可以把桌子摆成"口"字形，内侧也可以安排座位
"U"字形、"V"字形	在将桌子摆成"U"字形、"V"字形时，要注意屏幕的位置
教室式	在召开发布会、以传达信息为目的的会议或员工大会时，由于人数众多，可将会场布置成教室的样子

（十）发布会议通知

1. 草拟会议通知

会议通知的内容一般包括会议的名称、开会的目的和主要内容、会期、会议地点和食宿地点、参会人员、报到的日期和地点、需要携带的材料及材料的打印规格和数量、个人支付的费用、主办单位、联系人和联系电话等。

会议通知应由与会议主题相关的人员起草。需报请上级单位批准的会议，报送请示时应附上会议通知草拟稿。

以下为一份会议通知范本，仅供参考。

范本

关于召开 ×××× 会议的通知

_____（主送单位）：

为了_____（目的），根据_____（依据）_____（主办单位）决定于____年__月__日在_____（地点）召开会议。现将有关事项通知如下。

一、会议内容：_____。

二、参会人员：_____。

三、会议时间、地点：_____。

四、其他事项。

（一）请参会人员持会议通知到_____报到，_____（食宿费用安排）。

（二）请将会议回执于____年__月__日前通过电子邮件或传真发至_____（会务组）。

（三）_____（其他需提示事项，如会议材料的准备等）。

（四）联系人及电话：_____。

附件：会议回执

×××× 有限公司

20××年×月×日

附件：

会议回执

单位名称				通信地址			
联系人		手机/座机		电子邮箱		邮编	
参会人员信息							
姓名	任职部门	职务/职称	性别	民族	手机	是否参加××年会	是否参加××论坛

（续表）

预订房间数量	单人间（　　）间　　　双人间（　　）间
接送站信息	到达日期（　月　日）航班号（　　）返回日期（　月　日）航班号（　　）

1. 请于_____年__月__日前将回执通过电子邮件或传真发至会务组。
　　会务联系人：×××　　　　　　　联系电话：×××××××××××
　　电子邮箱：×××××××　　　　　传真：××××××
2. 其他注意事项。
　　…………

2. 下发会议通知

下发会议通知应由专人负责，避免遗漏、错发和重发。下发会议通知应注意图 3-4 所示的要点。

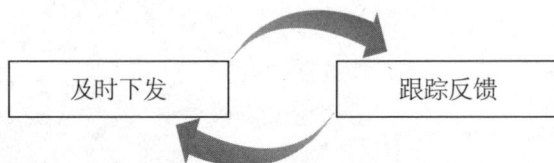

图 3-4　下发会议通知的要点

（1）及时下发。

会议通知下发要及时。若下发过早，则参会人员容易遗忘；若下发太迟，则参会人员收不到会议通知，即使收到通知，也难以安排手头的工作，很可能导致会议的出席率降低。

（2）跟踪反馈。

会议通知发出后要跟踪反馈。对于涉及多个部门、内容重要的会议，下发会议通知时要附会议回执。会议回执的内容包括参会人员的姓名、性别、民族、职务或职称、联系电话，到会的日期、车次和航班号，以及返程的日期、车次和航班号，等等。

会前 1～2 天要再次联系参会人员，以确保参会人员能按时参会。

相关链接

线上会议的筹备

线上会议具有降低差旅和会议布置成本、简化会议流程、不受时间和空间限制、提高参会率、内容可重播等优势。如今，线上会议已经成为诸多组织的常态化选择。那么，如何筹备线上会议呢？

1. 选择平台

选择一个合适的线上会议平台。市场上有多种线上会议平台，有商用的、用于社群分享的、用于直播授课的等。主办方应考量会议的内容、流程、规模、受众等因素，选择合适的平台。

比如，采用纯线上会议还是"线上+线下"模式的会议，是否需要线上互动，是否需要录制会议内容，是否需要同传字幕，这些都是主办方要考量的。

2. 制订计划

与组织线下会议一样，主办方也需要制订一个详细的计划，确定会议议程，制作宣传物料，设计报名流程，邀请参会嘉宾，搭建直播间，为嘉宾提供软件操作培训，等等。

在筹备线上会议时，要充分考虑到线上会议在组织形式、参与体验等方面与线下会议的差异。比如，一场为期 2～3 天的线下会议搬到线上举办时，是否变为多次的、短时间的、持续性的系列线上研讨会效果更好？此外，主办方初次举办线上会议时要重点关注直播间搭建、嘉宾软件操作培训等问题。

3. 宣传会议

如何让更多的目标受众了解会议信息并吸引他们参与？在宣传预热阶段，主办方要搭建宣传矩阵、选择合适的宣传渠道、进行流量导入，确保会议获得足够的关注。

（1）搭建宣传矩阵

主办方可以通过会议官网、会议微站、小程序、电子海报、电子邀请函、会议公众号、会议官微等搭建宣传矩阵。

（2）选择合适的宣传渠道

宣传渠道包括短信、微信、朋友圈海报、社群、媒体等。例如，线上会议解决了跨时间、跨空间传递信息的问题，但面对参会者希望通过会议实现社交的需求，表现有些无力。主办方可以考虑建立会议虚拟社群（如微信群），让参与者能够在会议结束后继续沟通、协作，以弥补线上会议在社交方面的缺憾。

（3）进行流量导入

主办方可以通过导入外部流量、邀请自带流量的达人等多种方式进一步增强会议的影响力。

4. 提前演练

线上会议是基于软件、技术工具进行的，会议的顺畅进行有赖于网络、系统、硬件设施的稳定性。会前，组织演讲嘉宾、会议主持人及相关工作人员进行预演、熟悉线上会议软硬件环境是非常有必要的。

此外，要保证从参与者获取会议信息、报名参与、接收会前提醒、准确进入会议"现场"到会后调研的全流程均能顺畅、有序地进行。

5. 会前测试

会议当天提前进行主持人、嘉宾、观众等多角色的测试，确保手机端、计算机端、相关设备、网络环境没有问题，再次确认导演组、氛围组、答疑组等所有工作人员的任务，保证嘉宾准时上线直播，参会者准时、无障碍参与会议。

6. 应急预案

与线下会议一样，线上会议也要有应急预案。如果在最后时刻某位演讲嘉宾突然取消演讲该怎么办？会议进行过程中平台突然出现故障应如何应对？嘉宾掉线、观众掉线应如何尽快解决？要做好最充分的准备，以确保发生任何状况都能从容应对。

细节17：会议预算

会议预算是会议管理与策划的重要内容之一。会务人员应及时将会议预算范本或会议预算报告上报会议负责人，并根据其决策用好会议预算。

会议预算项目主要包括图 3-5 所示的几项。

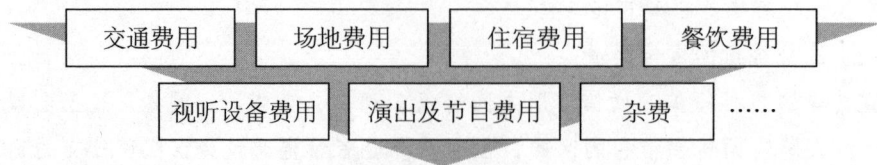

| 交通费用 | 场地费用 | 住宿费用 | 餐饮费用 |

| 视听设备费用 | 演出及节目费用 | 杂费 | …… |

图 3-5 会议预算项目

（一）交通费用

交通费用可以细分为表 3-6 所示的三类。

表 3-6　交通费用

类目	说明
出发地至会务地的交通费用	包括乘坐飞机、火车、汽车、客轮所需费用，以及目的地机场、车站、码头至住宿地的交通费用
会议期间交通费用	主要是会务地交通费用，包括住宿地至会所、会所到餐饮地点、会所到商务交际场地、商务考察所发生的交通费用，以及参会人员可能发生的其他预定交通费用
返程交通费用	包括乘坐飞机、火车、汽车、客轮所需费用及住宿地至机场、车站、码头的交通费用

（二）场地费用

场地费用具体可细分为以下几类。

1. 会议场地租金

通常而言，场地包含某些常用设备，如激光指示笔、音响系统、桌椅、主席台、白板或黑板、油性笔、粉笔等，但一些非常规设备并不涵盖在内，如投影设备、临时性的装饰物、展架等，加装可能需要额外的费用。

2. 会议设备租赁费用

此部分费用主要是租赁一些特殊设备所发生的费用，如投影仪、笔记本电脑、移动式同声翻译系统、会场展示系统、多媒体系统、摄录设备等。

小提示

在租赁此类设备时，要对设备的各类参数提出具体要求（通常可向专业的会议服务商咨询，以获得性价比最高的设备），否则可能影响会议的进行。

另外，在不同的会议流程中可能会用到不同的设备，为了节省费用，可用一种设备贯穿会议始终，做到物尽其用。

比如，现场的互动大屏幕可用于会议的各个环节，3D签到墙、红包雨、抽奖游戏、产品展示、投票、电子签约仪式等均可用互动大屏幕实现。

3. 会场布置费用

如果没有特殊要求，此部分费用通常包含在会场租赁费用中。如果有特殊要求，可以与专业的会议服务商协商。

4. 其他支持费用

其他支持费用通常包括广告、印刷、礼仪、秘书服务、运输与仓储、娱乐等费用。

（三）住宿费用

住宿费除了与酒店星级标准、房型等因素有关，还与客房内提供的服务项目有关，如迷你吧酒水、一次性换洗衣物等。会议主办方应明确酒店关闭或开放的服务项目。

（四）餐饮费用

餐饮费用取决于会议议程及会议目的。一般来说，餐饮费用主要包括表3-7所示的内容。

表3-7　餐饮费用

类目	说明
早餐费用	早餐通常是自助餐，当然也可以采用围桌式就餐形式，费用按人数计算即可（但考虑到会议就餐的特殊性，所以预计就餐人数不得与实际就餐人数相差15%及以上，否则餐厅有理由拒绝按实际就餐人数结算，而改为按预定人数收取费用）
中餐及午餐费用	午餐属于正餐，可以采用自助餐或围桌式就餐形式
酒水及服务费	若在高星级酒店餐厅就餐，餐厅通常会谢绝主办方外带酒水，可以外带酒水，餐厅通常会加收服务费。在高星级酒店举办会议宴会，餐厅通常会加收一定的服务费
会场茶歇费用	此项费用基本上是按人数计算的，制定预算时可提出不同时段的茶歇组合。通常情况下，茶歇可分为西式与中式两种，西式以咖啡、红茶、西式点心、水果等为主，中式则以开水、绿茶、花茶、果茶、水果、点心为主
酒会或舞会费用	酒会或舞会的预算涉及场地与节目，比较复杂，需考虑周全

（五）视听设备费用

除非会议在室外进行，否则视听设备的费用通常可以忽略。如果出于某些原因，会议不得不在室外进行，就会产生视听设备费用，如图 3-6 所示。

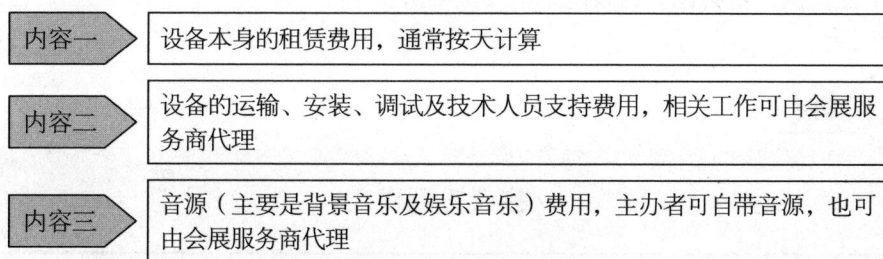

内容一	设备本身的租赁费用，通常按天计算
内容二	设备的运输、安装、调试及技术人员支持费用，相关工作可由会展服务商代理
内容三	音源（主要是背景音乐及娱乐音乐）费用，主办者可自带音源，也可由会展服务商代理

图 3-6　视听设备费用

（六）演出及节目费用

通常可以选定节目后按场次计算费用，预算金额通常与节目、表演难度及参与人数相关。如果在适宜地点有固定的演出，预算就与观看表演的人数相关，专场或包场除外。

（七）杂费

杂费是指会议与活动过程中一些临时性安排所产生的费用，包括打印、临时运输及装卸、纪念品、模特与礼仪服务、临时道具、传真及其他通信、快递、翻译与向导、临时商务用车、汇兑等方面的费用。

杂费很难事前计算，通常可在会务费用预算中增列不可预见费用作为机动费用。

> **小提示**
>
> 会务人员要为每一场会议制定预算，通盘考虑整个会议，预计可能发生的各项费用。

细节18：会议现场服务

在会议举办期间，会务人员要做好会议现场服务工作，如控制好会议进度、管理好资料等，以顺利实现会议目标。

（一）会议签到

为了准确了解参会人员的出席情况，会务人员在会议开始前要做好入场签到工作，统计出席、列席和缺席人数。

下面提供一份会议签到表范本，仅供参考。

范本

<table>
<tr><th colspan="6">会 议 签 到 表</th></tr>
<tr><td>会议主题</td><td></td><td></td><td>主持人</td><td colspan="2"></td></tr>
<tr><td>会议地点</td><td></td><td></td><td>会议时间</td><td colspan="2"></td></tr>
<tr><td>部门</td><td>姓名</td><td>签名</td><td>部门</td><td>姓名</td><td>签名</td></tr>
<tr><td></td><td></td><td></td><td></td><td></td><td></td></tr>
<tr><td></td><td></td><td></td><td></td><td></td><td></td></tr>
<tr><td></td><td></td><td></td><td></td><td></td><td></td></tr>
<tr><td colspan="6">缺席人员记录</td></tr>
<tr><td>部门</td><td>姓名</td><td colspan="4">原因</td></tr>
<tr><td></td><td></td><td colspan="4"></td></tr>
<tr><td></td><td></td><td colspan="4"></td></tr>
<tr><td></td><td></td><td colspan="4"></td></tr>
</table>

（二）引导入座

会务人员要引导参会人员入座。为减轻负担，会务人员可以采用印刷座次表、在会场中设立指示标识、在签到证或出席证上注明座次号码等方式，引导参会者顺利地找到自己的座位。

（三）分发会议资料

会务人员应及时、准确地将会议所需的文件资料分发到每位参会者手中。

（1）对于会前分发的文件资料，既可以在参会者进入会场时由会议工作人员在会场入口处分发，也可以在开会之前在每位参会者的座位上摆放一份。

（2）对于在会中分发的文件资料，可以把会议工作人员分派到各组，负责每组文件资料的分发和收回。

小提示

需要收回的文件一般应在右上角写明收文人和收文时间。收文时要登记，以免漏收。

（四）跟踪会议进程

（1）跟踪会议进程时，若议程发生变动，要及时通知所有参会人员。

（2）要记录会议期间的电话，及时处理各类信息。

（3）对于会议中的动态、参会人员的建议等，要做到心中有数；若大型会议的议程临时出现变化，要向上级报告。

（4）开会时，对于不是特别紧急的电话，一般不予传呼，可先记录电话内容，待会议中间休息或散会后告知当事人；对于十分紧急的电话，可用纸条通知当事人接听。

（五）做好会议记录

会议记录是会议过程的真实凭证。会议记录的措辞要符合实际、简明扼要。必要时也可用录音笔录下会议全过程。

（六）会议保密管理

为了做好会议现场的保密工作，会务人员应严格执行保密规定，严格遵守保密纪律，制定一整套保密措施。会议保密管理要求如图 3-7 所示。

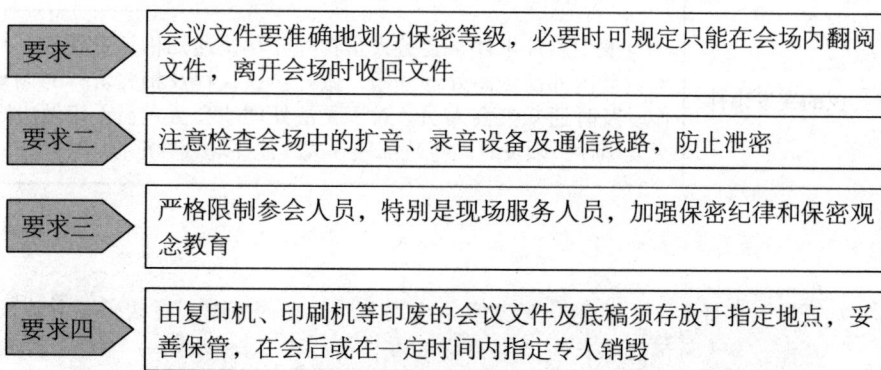

要求一	会议文件要准确地划分保密等级，必要时可规定只能在会场内翻阅文件，离开会场时收回文件
要求二	注意检查会场中的扩音、录音设备及通信线路，防止泄密
要求三	严格限制参会人员，特别是现场服务人员，加强保密纪律和保密观念教育
要求四	由复印机、印刷机等印废的会议文件及底稿须存放于指定地点，妥善保管，在会后或在一定时间内指定专人销毁

图 3-7 会议保密管理要求

当所开的会议是机密会议时（如产品鉴定会的内容属于公司的研发机密），会议的保密工作就显得十分重要。

小提示

（七）会议现场保障

会议现场保障工作内容如表 3-8 所示。

表 3-8　会议现场保障工作内容

保障工作	说明
保障现场通信畅通	参会人员之间、参会部门之间、会议与外界通信的畅通，是开好会议的基本条件。会务人员在选择开会地点时应重点考虑通信条件。特别重要的、绝密级的会议，可规定参会人员在一定时间内不得与外界联系，但须保证参加会议的各部门、各单位、参会人员之间的通信畅通 会议使用的电话、数据通信、电子邮件等渠道要安全畅通。会务人员要做好会议通信保障工作，必要时可架设专线
内外联络，传递信息	在会议进行过程中，会务人员要做好内外联系工作，传递信息，如将有关部门的紧急情况传达给参会人员，传递信件、接电话等。若会议对外保密，会务人员应不得泄露会议信息
维持会场秩序	在会议进行时，要制止与会议无关的人员进入会场，保证会场安全。若发生混乱，会务人员要及时制止和调停，特别是重要的密级较高的会议，要防止在混乱中发生意外情况
处理会议的突发事件	一旦发生意外事件，会务人员首先要尽快通知相关责任人，并立刻调动内外部资源处理问题，做好会议议程及相关资料的调整工作，及时通知参会人员。对于无法处理或会务人员无权做决定的突发事件，须及时向行政部领导或其他在场领导汇报

良好的汇报机制是突发事件得到及时处理的基础，行政部领导在安排会务人员的工作时应考虑到突发事件的处理。如有必要，可每日定时召开例会，由各成员总结当天的工作。

小提示

（八）组织会议活动

1. 参观活动

参观活动主要有图 3-8 所示的两种形式。

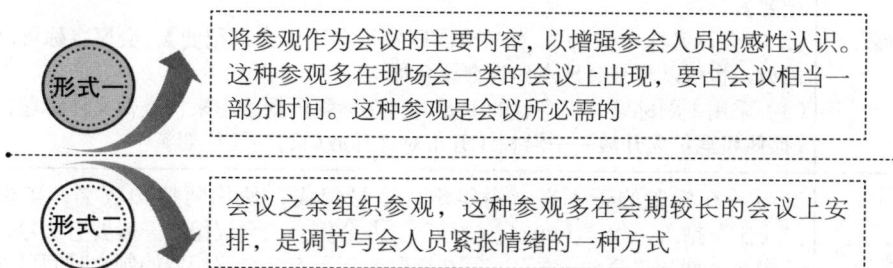

形式一　将参观作为会议的主要内容，以增强参会人员的感性认识。这种参观多在现场会一类的会议上出现，要占会议相当一部分时间。这种参观是会议所必需的

形式二　会议之余组织参观，这种参观多在会期较长的会议上安排，是调节与会人员紧张情绪的一种方式

图 3-8　会议参观活动形式

无论哪种参观，会务人员都应认真组织，选好参观地点和参观内容，调度必要的车辆。当参观人数较多时，还应做好分组编队工作。对于有些参观，还应配备翻译、讲解人员。若参观是会议的主要内容，更要精心组织。

2. 文体活动

开展文体活动的目的是调剂参会人员的生活，使参会人员有张有弛、劳逸结合，精神愉快地开好会。会期越长，文体活动应越丰富，以活跃会议气氛，如就近安排观看电影、戏剧、曲艺节目等；有条件的话，可以组织专场演出或放映专场电影，还可举办舞会等，以增进参会人员之间的感情。

需要注意的是，文体活动要尽量与会议主题有相关性。

细节19：会议纪要管理

会议纪要是在会议记录的基础上，经过分析和综合，对会议的基本情况和主要精神进行概括、提炼而形成的一种下行公文。

（一）会议纪要的编写

会议纪要主要由标题、文号（制文时间）、正文、落款等几部分组成，如表 3-9 所示。

表 3-9　会议纪要的组成部分

组成部分	说明
标题	标题有以下三种形式 （1）"发文机关 + 会议名称 + 文种"，如《×× 区人社局第 × 次办公会议纪要》。 （2）"会议名称 + 文种"，如《全国财贸工会工作会议纪要》。会议名称可以用简称，也可以将开会地点作为会议名称 （3）采用主副标题，把会议的主要内容在标题里揭示出来，类似文件标题，如《抓住机遇扩大开放——沿长江五市对外开放研讨会议纪要》
文号（制文时间）	文号写在标题的正下方，由年份、序号组成，使用阿拉伯数字，年份用"〔　〕"括入，如"〔2024〕67号"。办公例会的会议纪要一般要有文号，如"第××期""第××次"，写在标题的正下方。会议纪要的制文时间可以写在标题的下方，也可以写在正文的右下方、主办单位的下面，要用汉字写明年、月、日，如"二○二四年五月十六日"
正文	正文主要包括前言、主体、结尾三部分 （1）前言：主要记述会议的基本情况，包括召开会议的时间、地点、会议名称、主持人、主要出席人、会议主要议程、讨论的主要问题等 （2）主体：会议纪要的核心部分。会议的主要精神、议定事项、会议上的各种观点及争鸣情况等都在这一部分予以表述。多数情况下，这部分内容需要分条分项撰写。不分条的，多用"会议指出""会议认为""会议要求"等惯用语作为各层意思的开头语，以体现内容的层次感 （3）结尾：一般比较简短，通常用来强调意义、提出希望和号召等。在不影响全文结构完整性的前提下，也可以不写专门的结尾部分
落款	未在标题或题下标示中注明制发单位名称和制发日期的，要在正文后注明。也有一些会议纪要不署名

下面提供一份会议纪要范本，仅供参考。

范本

× × × × 会议纪要

_____
_____（会议情况）。

_____
_____（会议精神和议定事项）。

_____

_____ （结语）。

_____ （署名）

_____ （日期）

格式说明：

（1）标题可写为"关于××××的会议纪要"。

（2）在会议情况部分，要写明召开会议的目的、根据、时间、地点、主持人、出席人、议题等，可加承上启下的习惯用语。

（3）在会议精神和议定事项部分，要写明传达的会议（文件）精神、讨论的问题、做出的决议（决定）、提出的任务、确定的措施等。

（4）在结语部分，可发出号召或交代有关事项或向有关单位和人员表示谢意，有时可省略。

（5）落款可省略（日期移至标题之下）。

（二）会议纪要印发

为了完整准确地传达贯彻会议精神，使会议决定的事项得到认真落实，日常工作会议之后，一般都应印发会议纪要。会议纪要印发方式如图 3-9 所示。

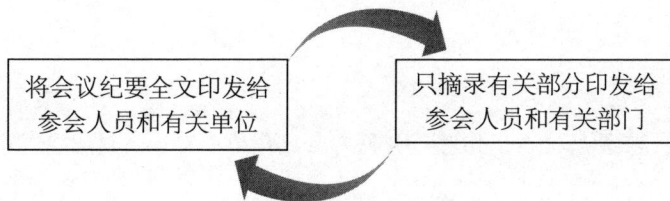

| 将会议纪要全文印发给参会人员和有关单位 | 只摘录有关部分印发给参会人员和有关部门 |

图 3-9　会议纪要印发方式

会议纪要印发范围应根据内容确定。绝密级的会议纪要一般只印发给参会的领导。一般会议纪要可印发给参加会议的人员，视情况决定涉及的部门，并加发会议纪要。有些保密性强的会议纪要，可以不印发会议纪要全文，只摘录有关部分印发给参会人员和有关单位，以防泄密。会议纪要要标明密级，并进行编号。

细节20：会后整理善后

会议结束后，会务人员还要完成会后的整理工作。

（一）会后清场

1. 检查会后现场

会议结束后，会务人员要做好会场检查工作，查看是否遗漏了文件或物品。可实行退场检查制，即按设备清单核对携带的设备是否齐全、相关会议资料有无遗漏，然后收回剩余的文件、资料、文具、礼品，收存会议中使用的仪器、设备。

2. 清理会后现场

会议结束后，会务人员应清理会场留存的各种标识和资料，具体要求如图3-10所示。

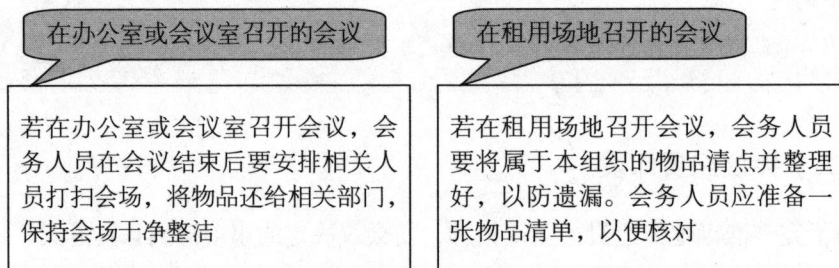

在办公室或会议室召开的会议	在租用场地召开的会议
若在办公室或会议室召开会议，会务人员在会议结束后要安排相关人员打扫会场，将物品还给相关部门，保持会场干净整洁	若在租用场地召开会议，会务人员要将属于本组织的物品清点并整理好，以防遗漏。会务人员应准备一张物品清单，以便核对

图 3-10　会场清理要求

> 小提示
>
> 在开展清理工作时，会务人员应严格遵守保密规定。

（二）会议效果反馈

1. 会议满意度调查与总结

会议结束后，会务人员应进行会议满意度调查，认真分析调查结果，总结会务工作存在的问题，提出改进建议，撰写会务总结。会务总结应特别指明本次会务工作的关键要素、值得借鉴的地方、不尽如人意的环节、改进意见等。

2. 会议评估

会议结束后，会务人员要对会议进行评估，以确认会议效果。会务人员可以利用表 3-10 所示的会议成果评估表逐项进行评估。

表 3-10　会议成果评估表

会议成果评估内容	评估结果
1. 会议是否如期召开	
2. 会议的目的及议题是否周全	
3. 会场或设备是否合适	
4. 会议必要的资料是否齐全	
5. 会议是否按计划进行	
6. 是否按预定时间散会	
7. 全体人员是否了解会议主题	
8. 会议开始时，相关人员是否简要地叙述重点议题	
9. 会议气氛是否热烈	
10. 当参会人员进行讨论时，是否有偏离议题的论点出现	
11. 是否有很多生动且有建设性的发言	
12. 参会人员是否有所抱怨	
记载事项：	

（三）会议文件收退

会议文件收退又称会议文件清退，通常指重要会议的参会人员在会议结束时根据规定将会议期间分发的文件清理并退回会务组。此项工作主要在机密程度较高的会议结束时或结束后完成。会议文件收退工作程序如图 3-11 所示。

| 向会议主席团或主持人汇报发文情况，提出会议文件收退建议 | → | 待会议主席团或主持人批准后，下发收退文件目录，并做必要的解释工作 | → | 会议结束后进行会议文件收退，要逐份清点并登记，发现丢失的应查清原因，及时向领导报告 |

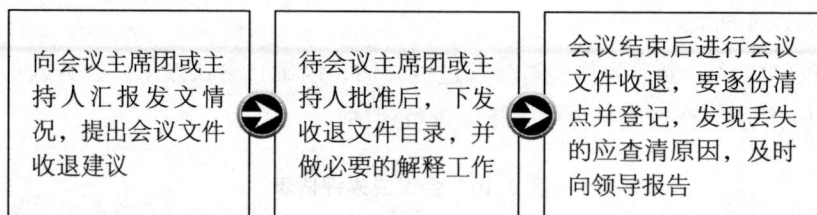

图 3-11　会议文件收退工作程序

（四）会议文件归档

会议文件归档是指会议结束后依据会议文件的内在联系对其加以整理，归入档案。

（1）会议文件归档的总原则是"一会一档"，以便日后查找、利用。

（2）对于在会议中形成、使用的所有材料，都要收集归档，包括领导决定开会的批示、会议通知、会议名单，会议主要文件的历次修改稿，会议的议题、日程和程序安排，会议的各种发言材料、记录、简报、快报、会议纪要、会议总结等。

> **小提示**
>
> 凡是印刷下发的文件要留有一定的份数。对于会议主要文件的历次修改稿、会议纪要的修改稿，应注意跟踪。会议一结束，马上按要求收回相关文件。

（五）会议费用报销

按照相关财务规定，及时处理账务票据，结算会议相关费用。

1. 整理相关费用清单

会务人员要汇总和整理所有会议费用清单，如住房结算表、交通费用明细表、场地租金结算表等。

2. 向财务部递交费用清单

会务人员将会议费用清单整理好之后，应将相关单据交行政部领导审批，然后转交财务部审核结算。

环节 4　文件资料管理

组织无论规模大小，都要有一套完善的文件资料管理体系，以更好地为业务发展服务。行政人员要充分认识到文件资料的重要性，按图 4-1 所示的流程做好文件资料管理。

相关部门	行政部	相关领导

收文管理

- 文件签收
- 文件分拣
- 文件登记
- 文件分发 → 文件传阅、催办（相关部门） / 文件传阅、催办（相关领导）

发文管理

- 提出申请 → 受理申请
- 草拟初稿
- 审查修改 → 核稿审批
- 编号打印
- 分发

归档管理

- 提交文件 → 文件搜集
- 文件整理
- 文件分类
- 文件立卷
- 文件保护
- 申请 → 文件利用

图 4-1　文件资料管理流程

相关部门	行政部	相关领导
	建设电子档案管理系统 ← 批准	

电子文件管理

提交文档 → 电子文件鉴定

电子文件鉴定 → 电子文件归档 → 电子文件整理 → 电子档案存储 → 电子档案保管 → 电子档案利用 → 电子档案销毁

申请 → 电子档案利用

文件销毁管理

定期核对 → 实施销毁 → 登记、保存清单

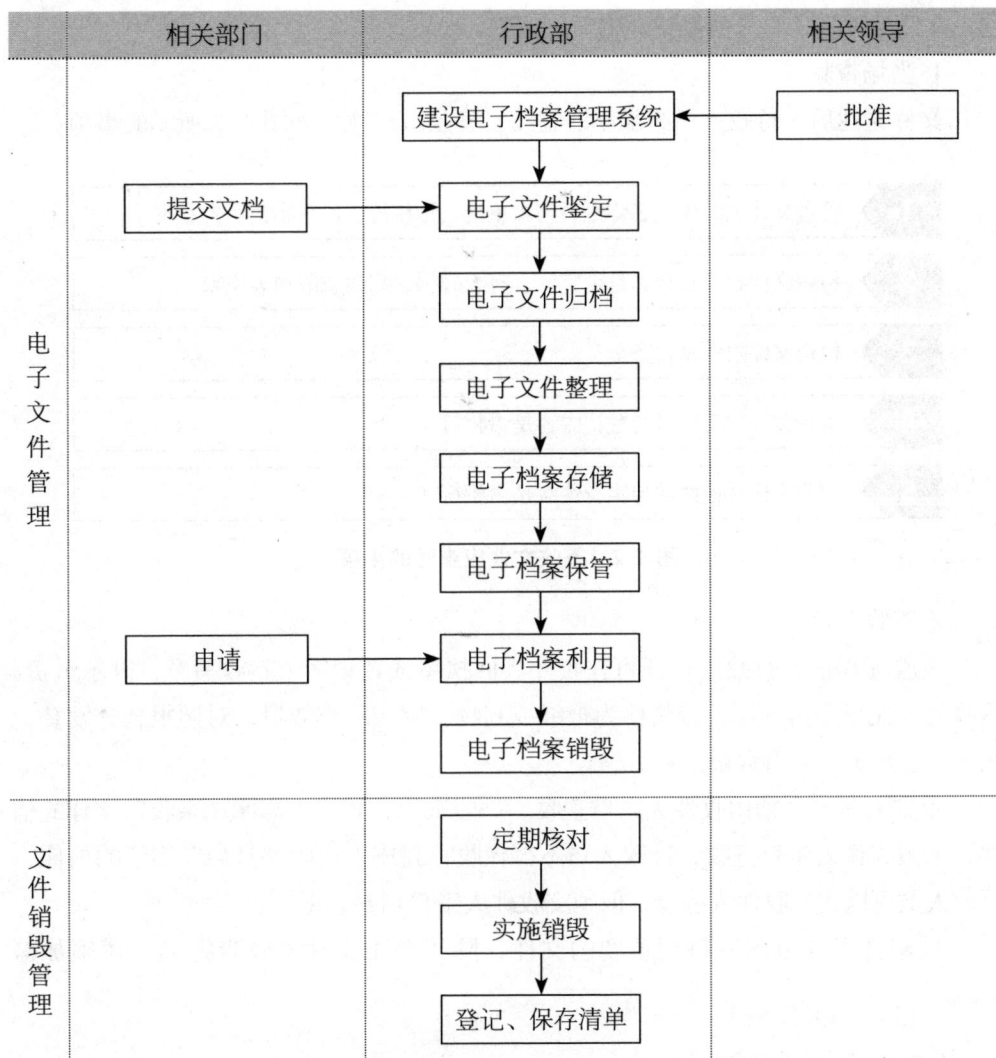

图 4-1　文件资料管理流程（续）

细节21：收文管理

收文是指组织从外部接收的各类文件。

（一）文件的签收

组织接收到的一切文件（需收件人亲收的除外）均由行政人员统一签收，及时

附上文件处理签，并分类登记、编号、保管。

1. 当场查验

文件送达后，行政人员必须立即签收。签收时应注意如图 4-2 所示的事项。

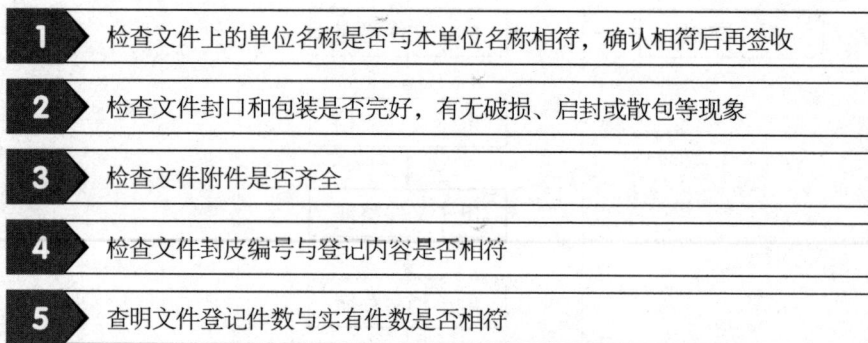

1	检查文件上的单位名称是否与本单位名称相符，确认相符后再签收
2	检查文件封口和包装是否完好，有无破损、启封或散包等现象
3	检查文件附件是否齐全
4	检查文件封皮编号与登记内容是否相符
5	查明文件登记件数与实有件数是否相符

图 4-2　签收文件应查验的事项

2. 签收盖章

查验无误后，行政人员便可在收件人回执单或登记簿上签收盖章，以示负责。签收后，先登记再分拣。若信件为报纸或刊物，则应清点数量，对照报刊分发登记表上的总数量，查看数量是否正确。

重要公务文件须由收件人亲自签收。一般来说，封皮上写明"亲收"字样的信件，须由收件人亲自签收，行政人员不得代收；封皮上写明"亲启"字样的信件，行政人员可以代替收件人签收，但须交收件人亲自启封。

机密性极高或内容特别重要的文件，除了要由文件签收者签名，还须加盖公章。

（二）文件的分拣

文件的分拣是指将文件按收件人或部门归类放置，以便转交。行政人员应在签收文件之后及时进行分拣工作，以免误事。文件可按平信、报刊、自取件、急件、机密要件进行分拣。

行政人员要先将急件和机密要件拣出，并做好登记，然后尽快交给收件人。机密要件登记表如表 4-1 所示。对于一般信件和报刊，也要随到随拣，按部门或收件人将信件分别存放在固定位置，通知收件人前来拿取。

表 4-1　机密要件登记表

收件日期	收件人	收件编号	保密级别	文件名称

（三）文件的登记

做完分拣文件后，行政人员要对重要文件进行登记。

1. 登记的范围

凡是办理了签收手续的文件都应进行登记，包括公、私挂号邮件，包裹单，汇款单，机要信件，专人送来的信件等。有的文件虽未进行签收，但也须登记。

2. 登记的方法

行政人员应根据组织规模大小、收取信件的数量及各部门的设置情况确定登记方法。

（1）规模较大的组织，收进的信件数量多，下设部门也多，可以按信件去向分设收件登记簿，即每个收件部门分别用一本收件登记簿进行登记，这样也方便收件部门进行签收。

（2）规模较小的组织，收进的信件数量不多，下设的部门相对较少，可以采用综合性的收件登记簿，即只用一本收件登记簿按收件部门的顺序进行登记，一个部门的信件登记在一起，以便转交。

3. 登记的项目

登记的项目一般包括收到时间（急件应注明具体时、分）、登记人姓名、发件单位、收件单位、封皮编号、文件号、件数、附件、办理情况、收件人签名、备注等。

4. 登记的要求

行政人员在登记时要逐项认真填写，力求字迹清楚、工整、易于辨认。

（四）文件的分发

行政人员要及时分发已接收的文件，文件分发要求如表 4-2 所示。

表 4-2　文件分发要求

要求	说明
及时	对于领导已批办或可按常规处理的文件，须及时处理，切实做到"当日事当日毕"，急事要立即处理
分清主次	（1）分发份数较多的同类文件时，行政人员要优先保证主要领导、主管领导和业务主管部门的需要，然后根据文件数量和工作需要分发给相关部门和领导。 （2）遇到特急件时，行政人员可先将其送至业务主管部门。在业务主管部门提出处理意见后，再请示领导或边处理边汇报或事后汇报
进行标注	对于应承办的文件，要附"批办单"并加盖"已处理"章；对于不需要详细登记的文件，也要注明领导或部门的名称，以免放乱、拿错
登记管理	（1）分发给领导的文件，设置专门的文件登记簿，并注明时间、种类、名称、文号等。 （2）分发给各部门的文件，可在部门登记簿上注明相关信息
文件分发登记	将分发的文件登记在文件分发登记表上，以便日后核查

此外，在分发文件时，行政人员还应做好登记工作。文件分发登记表如表 4-3 所示。

表 4-3　文件分发登记表

文件名			文件编号		
发放人			发放日期		
序号	收文部门	份数	签收人	签收日期	备注

（五）文件的传阅、催办

（1）正式公文由行政部领导根据文件内容和性质签阅后，由行政人员分送相关领导、承办部门阅办。为避免文件积压误事，一般文件应当天签阅完，紧急文件须立即阅办。

（2）为加速文件运转，行政人员应当天将文件送到领导和承办部门处。若涉及两个以上部门，各部门应按批示次序依次传阅文件，单个部门传阅文件时间最长不得超过两天。相关部门和人员按文件所提要求和领导批示办理相关事宜。

（3）传阅文件应严格遵守传阅范围，不得将文件带到家中或公共场所，也不得将文件转借给无关人员。

（4）阅文时不得抄录全文，不得任意取走文件及附件，如确有工作需要，须办理复印或借阅手续，以防止文件丢失或泄密。

（5）阅读文件应抓紧时间，当天阅完后及时将文件交回行政部。阅批文件一般不得超过两天。承办部门接到文件后应立即指定专人办理，不得将文件压放、分散；如需备查，征得行政部同意后，予以复印，原件须及时归档。

小提示
外出开会、考察带回来的文件等应在两天内及时送交行政部进行登记、编号、保管，不得由个人保存。

细节22：发文管理

发文是指以组织名义向外部发送的文件。

（一）发文的范围

凡是以组织名义对上级组织、平级组织、下级组织发出的文件，如通告、决定、决议、请示、报告、函、会议纪要等，均属于发文。

（二）发文的要求

（1）按领导签批的发文范围，行政部负责对外报送、对内发放文件，各部门、其他人员一律不得自行对上级组织、平级组织、下级组织发送文件。

（2）各部门需要向上级组织反映汇报重要情况或向下级组织安排布置重要工作时，发文要符合拟稿审批流程，并将底稿交行政部审核、存档。

（3）所有文件由行政部统一编号，发放文件后一定要有登记、签收手续。

（4）红头文件只适用于须遵照执行的制度、规定、决定、决议、纪要、任命等，其他文件一般用单位信笺印发。

（三）发文的程序

（1）各部门发文应事先向行政部提出申请。

（2）同意发文时，申请发文部门应根据相关规定、上级指示和工作实际需要草拟文件初稿。

（3）草拟初稿须做到情况确实、观点鲜明、条例清楚、层次分明、文字简练、标点正确。

（4）文稿拟完后，拟稿人应填附发文稿纸，详细写明文件标题、拟稿日期、拟稿单位、拟稿人、发送范围、印刷份数，并交行政部。

（5）行政部领导根据相关要求、上级有关指示和有关文件规定，对文稿进行审查和修改，并将文字错漏严重、内容不妥、格式不符的文稿退回拟稿部门，让其重拟。

（6）经行政部领导审查修改后的文稿，送拟稿部门主管领导核稿（对文稿内容、质量负责），并在发文稿纸核稿人栏签字。

（7）经领导批准签发的文稿，由行政人员统一编号、打印，将打印稿交拟稿人校对并在发文稿纸校对人栏签字。

（8）行政人员根据确定的印刷份数打印、分发文件，同时做好底稿的存档工作。

相关链接

公文行文规范

一、文档基础格式规范

1. 页面边距（A4纸）

公文页边距应为：上37mm±1mm，下35mm±1mm，左28mm±1mm，右26mm±1mm。

2. 正文行距

正文标题及正文段落行间距一般设为固定值28磅，段前、段后应设置为0行。

3. 页码

页码一般用四号半角宋体阿拉伯数字，编排在公文版心下边缘之下，数字左右各放一条一字线，一字线上距版心下边缘 7 mm。单页码居右空一字，双页码居左空一字。

公文的版记页前有空白页的，空白页和版记页均不编排页码。公文的附件与正文一起装订时，页码应当连续编排。

4. 标题

标题一般用二号小标宋体，不加粗，分一行或多行居中排布。回行时，要做到词意完整、排列对称、长短适宜、间距恰当，标题排列应当使用梯形或菱形。

5. 正文

正文字体应均为三号仿宋，不加粗，不能使用其他字体。每个自然段左空二字，回行顶格。

文中结构层次序数依次可以用"一、""（一）""1.""（1）"标注。一般情况下，第一层用黑体，第二层用楷体，第三层和第四层用仿宋。

6. 附件

如有附件，在正文下空一行左空二字编排"附件"二字，后标全角冒号和附件名称。如有多个附件，使用阿拉伯数字标注附件顺序号（如"附件：1.××××"）；附件名称后不加标点符号。附件名称较长需回行时，应当与上一行附件名称的首字对齐。

二、序号使用规范

一般情况下，第一层为"一、二、三"。

第二层为"（一）（二）（三）"。

第三层为"1. 2. 3."。

第四层为"（1）（2）（3）"。

如果层次较多，可根据文章的分量，或者在上述层次序号之前适当选用"第一编""第一章""第一节""第一部分"等，或者在上述序号之后适当增设"A.""a.""（a）"等。

三、数字使用规范

汉字数字通常是指"一、二、三、四、五、六、七、八、九、十"及其大写"壹、贰、叁、肆、伍、陆、柒、捌、玖、拾"等数字。

（1）汉字数字作为词素构成定型的词、词组、惯用语、缩略语或具有修辞色彩的语句。

例如，"十二五"规划、二万五千里长征、三心二意、零点方案、十六届四中全会等。

（2）两个汉字数字（一、二……九）连用表示概数时，连用的两个汉字数字之间不应用顿号隔开。

例如，七八十种、一千七八百元、五六万套、七八个、十五六岁等。

（3）星期几一律用汉字数字。

例如，星期一、星期二、星期六等。

（4）中国历史朝代纪年、干支纪年、农历月日及其他传统上采用汉字形式的非公历纪年等，均使用汉字数字。

例如，万历十五年、八月十五中秋节、正月初五等。

有时为了表达得更加明白，可以在它们的后边用阿拉伯数字括注公历时间。

（5）含有月日的表示事件、节日或其他特定意义的词组，应用汉字数字。如果涉及一月、十一月、十二月，为避免歧义，要将表示月和日的数字用间隔号"·"隔开，并外加引号。

例如，"一·二八"事变（1月28日）、"一二·九"运动（12月9日）等。

涉及其他月份时，不用间隔号。是否使用引号，视事件的知名度而定。

例如，五四运动、五一国际劳动节、十一国庆节、"九一三"事件等。

（6）用"几""多""余""左右""上下""约"等表示约数时，宜使用汉字数字。

例如，几千年、百多次、十余年、八万左右、三十上下、约五十人等。

如果文中出现一组具有统计意义和比较意义的数字，用"多""约"等表示约数时，为保持局部体例上的一致，其约数也可以使用阿拉伯数字。

例如，该省从机动财政中拿出近2 000万元，调拨钢材3 000多吨、水泥3万多吨、柴油1 400吨，用于农田水利基本建设。

四、标点符号使用规范

1. 标点符号使用原则

（1）中文语句的标点符号，均应该采用全角符号，这样可以与全角文字保持视觉的一致。

（2）如果整句为英文，那么该句使用英文/半角标点符号。

（3）句号、问号、叹号、逗号、顿号、分号和冒号不得出现在一行之首。

（4）点号（句号、逗号、顿号、分号、冒号）不得出现在标题末尾，而部分标号（引号、括号、破折号、省略号、书名号等）可以。

2. 顿号的使用

（1）标有引号的并列成分之间、标有书名号的并列成分之间通常不用顿号。若有其他成分插在并列的引号之间或并列的书名号之间（如引号或书名号之后还有括注），宜用顿号。

易出现多个书名号或引号并列时使用顿号分隔的错误。标有书名号或引号的并列成分之间通常不用顿号。

例子如下。

规范的	不规范的
我小时候喜欢看《一千零一夜》《格林童话》《安徒生童话》	我小时候喜欢看《一千零一夜》、《格林童话》、《安徒生童话》
办公室里订有《人民日报》（海外版）、《光明日报》和《时代周刊》等报刊	办公室里订有《人民日报》（海外版）《光明日报》和《时代周刊》等报刊
加强"警务室""护学岗""安全岗"建设	加强"警务室"、"护学岗"、"安全岗"建设

（2）易出现在书名号内用顿号表示停顿的错误。书名号内表示停顿时应使用空格。

例子如下。

规范的	不规范的
《××省物价局　××省财政厅关于××市建制镇城市基础设施配套费征收标准的批复》	《××省物价局、××省财政厅关于××市建制镇城市基础设施配套费征收标准的批复》

3. 句号的使用

（1）易出现在图、表说明文字末尾使用句号的错误。图或表的短语式说明文字，中间可用逗号，但末尾不用句号。即使有时说明文字较长，前面的语段已出现句号，最后结尾处仍不用句号。

例子如下。

规范的	不规范的
注：以上各项数据统计截至 2012 年 12 月 31 日。城市人口指常住户籍人口，规模工业企业个数统计为新口径	注：以上各项数据统计截至 2012 年 12 月 31 日；城市人口指常住户籍人口；规模工业企业个数统计为新口径。

（2）易出现二级标题在换行分段情况下使用句号的错误。二级标题在换行分段时不使用句号，如使用句号，则不需要换行分段。

例子如下。

规范的	不规范的
（一）整合监管职能和机构 为减少监管环节，保证上下协调联动……	（一）整合监管职能和机构。 为减少监管环节，保证上下协调联动……
（一）整合监管职能和机构。为减少监管环节，保证上下协调联动……	—

4. 分号的使用

易出现在并列分句中使用句号后再使用分号的错误。分项列举的各项或多项已包含句号时，各项的末尾不能再用分号。

例子如下。

规范的	不规范的
一是养老保险安置。对进入企业工作的失地农民要同企业员工一样纳入企业职工基本养老保险。 二是医疗保险安置。城镇居民医疗保险制度已建立，可参加城镇居民医疗保险。	一是养老保险安置。对进入企业工作的失地农民要同企业员工一样纳入企业职工基本养老保险；二是医疗保险安置。城镇居民医疗保险制度已建立，可参加城镇居民医疗保险。

5. 连接号的使用

标示时间、地域的起止一般用一字线（占一个字符位置），标示数值范围起止一般用浪纹线。

例子如下。

规范的	不规范的
2017—2018	2017-2018
3～5 年	3-5 年

6. 括号的使用

易出现同一形式括号套用的错误。同一形式的括号应尽量避免套用，必须套用括号时，应采用不同的括号形式配合使用。

例子如下。

规范的	不规范的
围绕政府半年工作开展"回头看"，认真总结上半年工作，科学谋划下半年工作。[责任单位：各镇（街道）]	围绕政府半年工作开展"回头看"，认真总结上半年工作，科学谋划下半年工作。（责任单位：各镇（街道））

7. 附件名称后标点符号的使用

易出现附件名称后使用标点符号的错误。附件名称后不使用任何标点符号。例子如下。

规范的	不规范的
附件：1. ××领导小组成员名单 　　　2. 活动报名表	附件：1. ××领导小组成员名单； 　　　2. 活动报名表。

（四）文件的寄发

1. 文件寄发要求

行政人员应汇集所有待发文件，填写文件发送登记表（见表 4-4），在一定时间内将待发文件全部发送出去。

表 4-4　文件发送登记表

序号	日期	文件编号	文件主题	数量	发送单位	签字	时间	备注

2. 文件寄发注意事项

根据文件的重要程度，行政人员在具体寄发文件时应注意图 4-3 所示的事项。

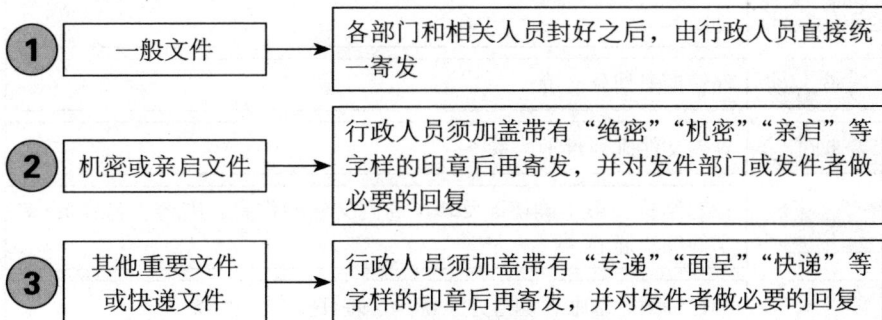

①	一般文件	各部门和相关人员封好之后，由行政人员直接统一寄发
②	机密或亲启文件	行政人员须加盖带有"绝密""机密""亲启"等字样的印章后再寄发，并对发件部门或发件者做必要的回复
③	其他重要文件或快递文件	行政人员须加盖带有"专递""面呈""快递"等字样的印章后再寄发，并对发件者做必要的回复

图 4-3　文件寄发注意事项

细节23：归档管理

（一）文件的搜集

文件的搜集是指按照有关规定，挑选各部门和个人手中分散的、种类和数量繁多的文件，并将其集中到行政部。

1. 搜集范围

不是每份文件都要归档，行政人员应根据实用原则，将能够归档的文件挑选出来。一般来说，文件的归档范围如下。

（1）上级部门来文，包括上级对本组织报告、申请的批复等。

（2）组织发出的报告、决定、通报、会议纪要、重要通知、工作总结等。

（3）组织行政例会、专题会、领导办公会等的会议记录。

（4）参加上级召开的各种会议带回来的文件、资料及组织在会上汇报发言的材料等。

（5）上级部门领导来组织视察工作的报告、指示记录及本组织向上级领导汇报的材料等。

（6）组织的经营活动记录、先进人物事迹、大事记等资料。

（7）外出考察、参加活动的总结报告、图文资料、电子文档等。

（8）内部员工、外部人员创作的有关组织的有价值的照片、视频、书法绘画作品等。

2. 搜集要求

行政人员应按图 4-4 所示的要求搜集文件。

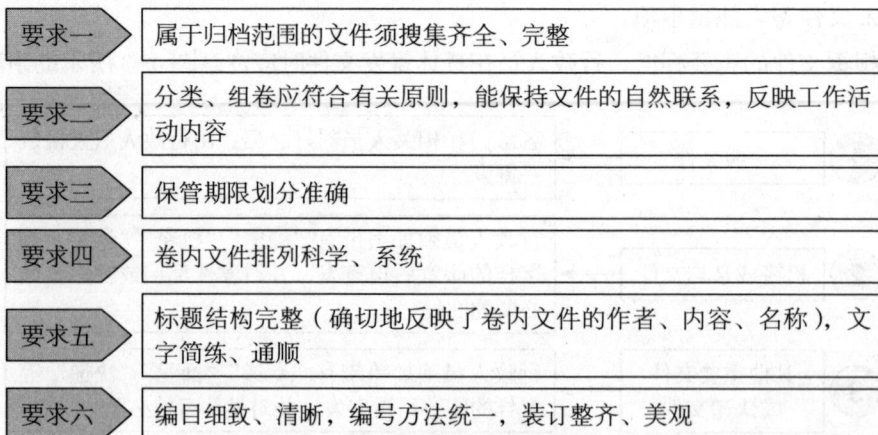

要求一	属于归档范围的文件须搜集齐全、完整
要求二	分类、组卷应符合有关原则，能保持文件的自然联系，反映工作活动内容
要求三	保管期限划分准确
要求四	卷内文件排列科学、系统
要求五	标题结构完整（确切地反映了卷内文件的作者、内容、名称），文字简练、通顺
要求六	编目细致、清晰，编号方法统一，装订整齐、美观

图 4-4　搜集文件的要求

（二）文件的整理

文件的整理是指对零散的和需要进一步条理化的文件进行基本的分类、组合和编目，使之更加系统。

文件整理工作内容主要包括分类、组卷、卷内文件的整理、案卷封面的编目、案卷的装订、案卷的排列、案卷的编制等。

文件整理的要求如图 4-5 所示。

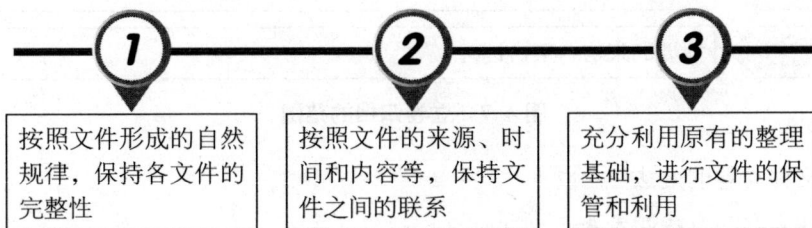

①	②	③
按照文件形成的自然规律，保持各文件的完整性	按照文件的来源、时间和内容等，保持文件之间的联系	充分利用原有的整理基础，进行文件的保管和利用

图 4-5　文件整理的要求

（三）文件的分类

文件的分类是指按照来源、时间、内容和形式，将全部文件分成若干类别。文件分类的方法如图 4-6 所示。

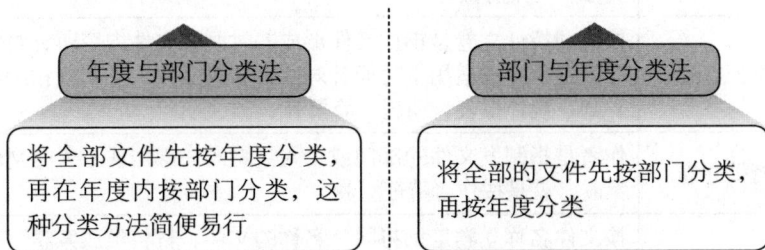

年度与部门分类法	部门与年度分类法
将全部文件先按年度分类，再在年度内按部门分类，这种分类方法简便易行	将全部的文件先按部门分类，再按年度分类

图 4-6　文件分类的方法

（四）文件的立卷

1. 编好案卷类目

案卷类目是指为便于立卷，按照立卷的原则和方法编制的案卷名册。案卷类目是由类目和条款组成的。案卷类目对立卷工作的完成是十分重要的，它可以保证文件的完整性，便于工作人员查找并利用文件。

2. 确定立卷归档的范围

组织每年都要处理大量的文件和材料,但不能将所有的文件、材料都立卷。立卷时应以本组织形成的文件、材料为主。立卷归档的范围如图 4-7 所示。

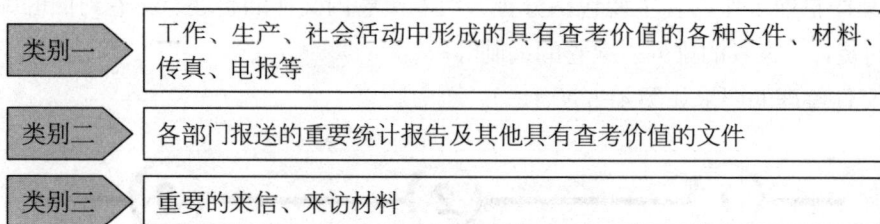

类别一	工作、生产、社会活动中形成的具有查考价值的各种文件、材料、传真、电报等
类别二	各部门报送的重要统计报告及其他具有查考价值的文件
类别三	重要的来信、来访材料

图 4-7　立卷归档的范围

3. 文件立卷的方法

文件立卷的方法如表 4-5 所示。

表 4-5　文件立卷的方法

方法	说明
按主题特征立卷	按主题特征立卷是指将主题性质相同的文件组成案卷。主题既可以概括,也可以具体,这要根据文件的多少来确定。例如,对于一年中业务方面的文件,可按业务性质分类立卷;若这方面的文件数量较多,可细分成若干卷
按时间特征立卷	按时间特征立卷是指按文件形成的时间或文件内容所针对的时间立卷。这种方法适用于时间针对性较强的文件,如年度预决算、季度计划、统计报表、期刊、简报等
按作者特征立卷	作者是指制发文件的部门或个人。将同一部门或个人的文件组合成案卷,就是按作者特征立卷
按文件名称立卷	按文件名称立卷是指将同一名称的文件、材料组成案卷,如总结、请示报告、计划、批复、简报、通知等。一般情况下,这种立卷方法往往同按作者特征立卷、按主题特征立卷方法相结合,不单独使用

4. 文件立卷的调整

(1)复查案卷文件,确定保管期限。复查案卷文件是指根据立卷原则、要求和特征,对卷内文件进行复查,剔除不需要立卷归档的文件,纠正分类不准确的文件,然后根据文件保管期限确定案卷保管期限。

(2)排列卷内文件。卷内文件可按照时间、主题、地区、作者、名称等排列。

排列时要注意正文在前、附件在后，请示在前、附文在后，定稿在前、讨论修改稿在后。

（3）给卷内文件编号。凡被列为永久保管和长期保管的案卷，都必须为其编号。图 4-8 为编号注意事项。

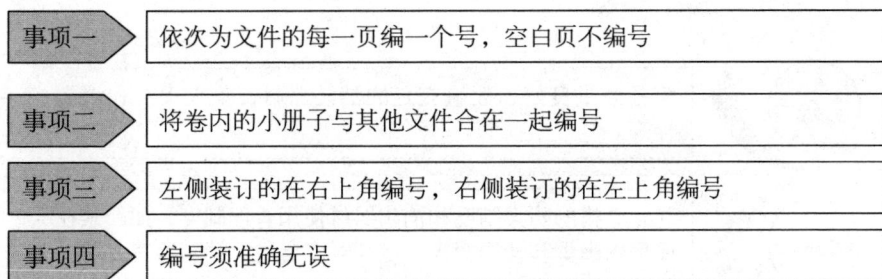

事项一	依次为文件的每一页编一个号，空白页不编号
事项二	将卷内的小册子与其他文件合在一起编号
事项三	左侧装订的在右上角编号，右侧装订的在左上角编号
事项四	编号须准确无误

图 4-8　编号注意事项

（4）填写卷内目录和备考表。复查调整案卷后，在装订前应及时填写卷内目录。每份文件均要填写卷内目录。如果几份文件的内容均是针对某一个具体问题的，也可以合起来填写。卷内目录一般可填写两份，其中一份附在卷首，不编页号，另一份留以备查。

对于永久、长期保存的案卷，还要填写备考表，用于说明卷内文件存在的问题，并注明立卷人姓名，以备查考。备考表附在卷末，不编页号，应在装订前填好。

（5）装订案卷。案卷装订注意事项如图 4-9 所示。

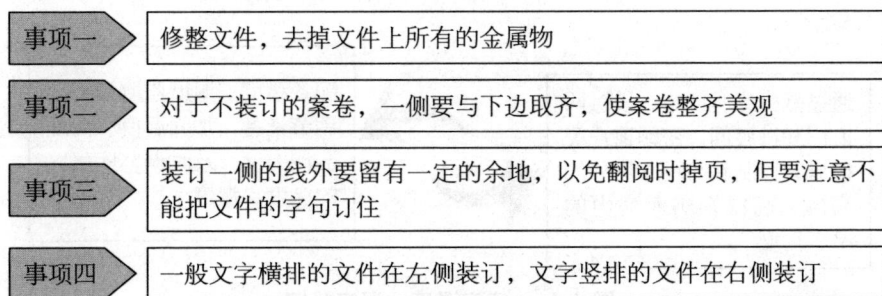

事项一	修整文件，去掉文件上所有的金属物
事项二	对于不装订的案卷，一侧要与下边取齐，使案卷整齐美观
事项三	装订一侧的线外要留有一定的余地，以免翻阅时掉页，但要注意不能把文件的字句订住
事项四	一般文字横排的文件在左侧装订，文字竖排的文件在右侧装订

图 4-9　案卷装订注意事项

（6）填写案卷封面。应工整地填写案卷封面，填写的项目包括单位名称、案卷标题、卷内文件起止日期、卷内文件张数、保管期限等。

（五）文件的保护

保护文件的目的是防止文件损毁。

1. 做好防火工作

文件的制作材料大多是易燃物质，因此必须做好防火工作。文件防火工作要点如图 4-10 所示。

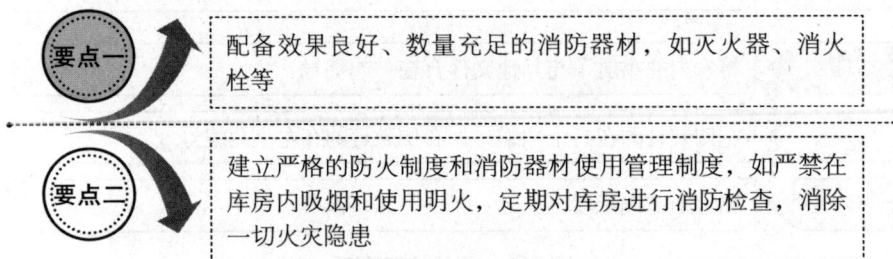

要点一 → 配备效果良好、数量充足的消防器材，如灭火器、消火栓等

要点二 → 建立严格的防火制度和消防器材使用管理制度，如严禁在库房内吸烟和使用明火，定期对库房进行消防检查，消除一切火灾隐患

图 4-10　文件防火工作要点

2. 做好防潮、防高温工作

不适宜的温、湿度一方面会对文件产生破坏作用，影响文件制作材料的使用期限；另一方面又会加大其他不利因素对文件的危害程度。因此，防潮、防高温，控制和调节温、湿度对文件保护具有重要作用。

一般库房的温度应控制在 14℃～ 24℃，相对湿度应控制在 45%～ 60%；对于保管特殊材质文件的库房，其温、湿度应做特殊要求。

行政人员可从图 4-11 所示的两方面入手来控制和调节档案库房的温、湿度。

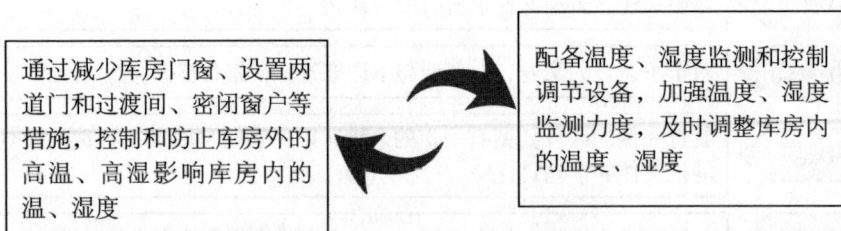

通过减少库房门窗、设置两道门和过渡间、密闭窗户等措施，控制和防止库房外的高温、高湿影响库房内的温、湿度

配备温度、湿度监测和控制调节设备，加强温度、湿度监测力度，及时调整库房内的温度、湿度

图 4-11　库房温度、湿度管控

3. 做好防光照工作

光照对文件具有破坏作用，其中紫外线对文件的破坏性较大。防光照的基本方法是尽量减少光照时间，避免阳光直接照射文件。因此，在建造库房时应采用窄窗设计，平时应少开窗，窗户玻璃应为毛玻璃或花玻璃，也可以安装窗帘。相关人员

应对库房内的灯光加以控制，灯上可加灯罩，无人时要及时关灯。档案库房实景如图 4-12 所示。

图 4-12　档案库房实景

4. 做好防虫、防鼠工作

行政人员可参考图 4-13 所示的方法做好防虫、防鼠工作。

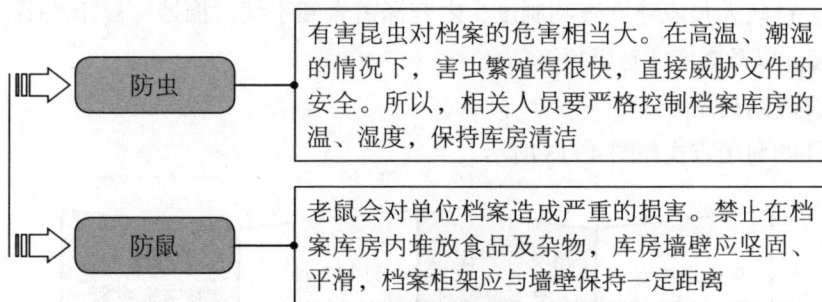

	防虫	有害昆虫对档案的危害相当大。在高温、潮湿的情况下，害虫繁殖得很快，直接威胁文件的安全。所以，相关人员要严格控制档案库房的温、湿度，保持库房清洁
	防鼠	老鼠会对单位档案造成严重的损害。禁止在档案库房内堆放食品及杂物，库房墙壁应坚固、平滑，档案柜架应与墙壁保持一定距离

图 4-13　防虫、防鼠方法

5. 做好防尘、防污染工作

行政人员可参考图 4-14 所示的方法做好防尘、防污染工作。

防尘	做好室内外环境卫生，保持清洁，档案库房配备防尘（沙）设备，如窗帘、吸尘器等，定期、不定期地对案卷及所有库内设备、墙壁、地面进行吸尘，使档案库房符合卫生标准
防污染	防污染主要是指防有害气体对文件的破坏。保证库房远离污染源，并具备较好的封闭性。若库房内的有害气体超过规定的标准，相关人员应及时通风换气

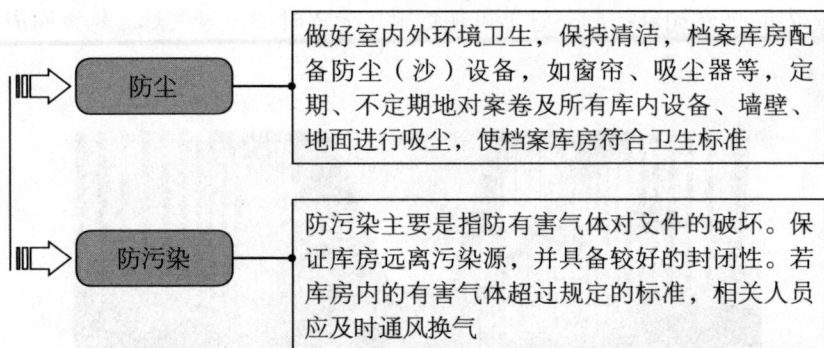

图 4-14　防尘、防污染方法

（六）文件的利用

1. 基本要求

（1）行政人员必须熟悉行政部保存文件的情况，包括内容、范围、存放地点和作用等。

（2）行政人员应摸清组织利用文件的规律，了解上级领导和各部门需要利用的文件内容和要求。

（3）行政人员应有计划、有重点地利用必要的检索工具和编制参考资料。

（4）行政人员应建立查阅制度，内容涵盖查阅手续，摘抄、复印范围，清点、核对手续，以及查阅注意事项等。

2. 文件的利用方式

文件的利用方式如图 4-15 所示。

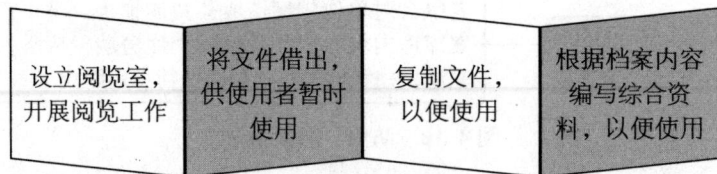

设立阅览室，开展阅览工作	将文件借出，供使用者暂时使用	复制文件，以便使用	根据档案内容编写综合资料，以便使用

图 4-15　文件的利用方式

细节24：电子文件管理

计算机和网络普及后，电子文件成了业务活动中最直接的记录。电子文件在从产生、处理、传递至整理、保管、利用的过程中会形成电子档案，丰富了档案管理的内容，也对行政人员提出了新的要求。

（一）电子文件的概念

电子文件是指组织在履行其法定职责或处理事务过程中，通过计算机等电子设备形成、处理、传输和存储的数字格式的各种信息记录。

相关链接

与电子文件相关的术语

术语	说明
电子档案	电子档案是指具有凭证、查考和保存价值并归档保存的电子文件
电子文件归档	电子文件归档是指在各项活动中产生并具有保存价值的电子文件（含电子公文）的形成、积累、鉴定、归档、保管、利用和统计的过程
电子文件的逻辑归档	电子文件的逻辑归档是指在计算机网络上进行，不改变原存储方式和位置而实现的将电子文件的管理权限向档案部门移交的过程
电子文件的物理归档	电子文件的物理归档是指把电子文件集中下载到可脱机保存的载体上，向档案部门移交的过程
电子文件的真实性	电子文件的真实性是指对电子文件的内容、结构和背景信息进行鉴定后，确认其与原始状况一致
电子文件的完整性	电子文件的完整性是指电子文件的内容、结构、背景信息和元数据等无缺损
电子文件的可用性	电子文件的可用性是指电子文件应具备可理解性和可利用性，包括信息的可识别性、存储系统的可靠性、载体的完好性和兼容性
背景信息	背景信息是指描述生成电子文件的职能活动，电子文件的作用、办理过程、结果、上下文关系，以及对其产生影响的历史环境等的信息
元数据	元数据是指描述电子文件数据属性的数据，包括文件格式、编排结构、硬件和软件环境、文件处理软件、字处理和图形工具软件、字符集等数据

（续表）

术语	说明
定稿电子文件	定稿电子文件是用计算机起草文件时形成的最后一稿电子文件，记录了文件的最后修改结果，有重要凭证、依据价值，在收集时应落实必要的签字手续，明确公文拟稿、核稿、签发等环节的责任者。对于需要保存的、特别重要的文件的历次草稿，每一稿应以不同标识加以区别
正式电子文件	修改、签发完的定稿电子文件由于具备了相应职能，便成了正式电子文件
文本文件	文本文件是指用计算机文字处理技术形成的文字文件、表格文件等。在收集时应注明文件存储格式、文字处理工具等，必要时应同时保留文字处理工具软件。文本文件格式有 XML、RTF、TXT、NSF 等
图像文件	图像文件是指用扫描仪、数码相机等外部设备获得的静态图像文件。对于用扫描仪等设备获得的采用非通用格式的图像文件，在收集时应将其转换为通用格式；若无法转换，则应将相关软件一并收集。图像文件格式有 JPEG、TIFF 等
图形文件	图形文件是指采用计算机辅助设计或绘图工具获得的静态图形文件。在归档时应注意其设备依赖性、易修改性等，不要遗漏相关软件及各种数据信息。对于用计算机辅助设计或绘图工具等设备获得的图形文件，在收集时应注明其软硬件环境和相关数据
影像文件	影像文件是指用数码摄像机、视频采集卡等视频设备获得的动态图像文件。对于用视频或多媒体设备获得的文件及用超媒体链接技术制作的文件，应同时收集其非通用格式的压缩算法和相关软件。影像文件格式有 MPEG、AVI 等
声音文件	声音文件是指用音频设备获得并经计算机处理的文件。在归档时应注意收集其属性标识和相关软件。声音文件格式有 WAV、MP3 等
超媒体链接文件	超媒体链接文件是指用计算机超媒体链接技术制作的文件
数据库文件	数据库文件是指用计算机软硬件系统进行信息处理等过程形成的各种管理数据、参数等。数据库文件格式有 DBF、XLS 等
计算机程序	计算机程序是指计算机使用的商用或自主开发的系统软件、应用软件等

（二）电子文件的管理原则

具有保存价值的电子文件必须纳入归档范围，经过收集、鉴定、整理后交行政部保存，以保证组织档案的齐全、完整、系统。

电子文件归档和电子档案管理以真实、可靠、完整、可用为目标，贯彻"全程管理、前端控制、统一管理"的原则。电子文件的管理目标如图 4-16 所示。

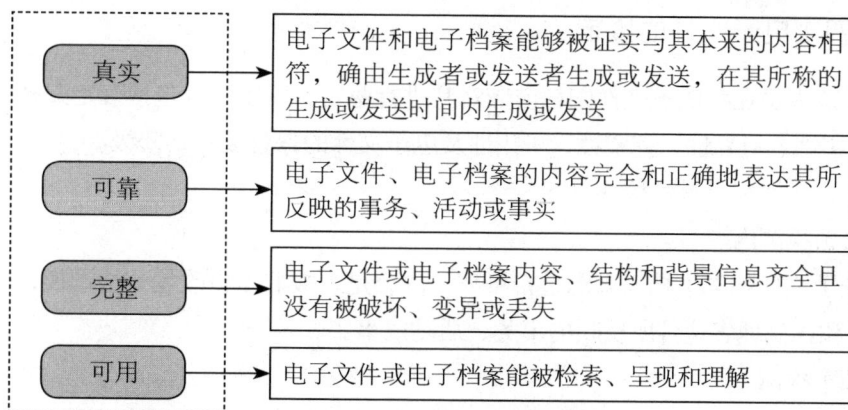

图 4-16　电子文件的管理目标

（三）电子档案管理系统建设

建立电子档案管理系统可使电子文件归档和电子档案管理更加高效、规范。行政部可根据实际情况，申请建设单位电子档案管理系统。

电子档案管理系统应具备表 4-6 所示的功能。

表 4-6　电子档案管理系统的功能

功能	说明
系统配置管理功能	包括分类方案管理、档号规则管理、保管期限表管理、元数据方案管理、门类定义等
电子档案管理功能	包括电子档案及其元数据的采集、登记、分类、编目、命名、存储、利用、统计、鉴定、销毁、移交、备份、报表管理等
电子档案安全管理功能	包括身份认证、权限管理、跟踪审计、生成固化信息等。本功能对保证电子档案的真实、可靠具有重要作用
系统管理功能	包括系统参数管理、系统用户和资源管理、系统功能配置、操作权限分配、事件报告等

（续表）

功能	说明
各门类纸质档案管理功能	包括对电子档案和纸质档案同步编目、排序、编制档号等
纸质档案数字化及纸质档案数字副本管理功能	—

（四）电子文件的鉴定

行政人员在将电子文件归档前应对其进行鉴定，鉴定内容包括确定归档电子文件的真实性、可靠性、完整性、可用性及电子文件的保管期限、密级。

1.真实性和可靠性检测

（1）检测内容

电子文件和电子档案来源是否可靠，内容是否被非法更改或非法调换，以及是否完整和正确地表达其所反映的事务、活动或事实。

（2）检测方法

① 归档前，采用加密算法对待归档电子文件进行认证，形成认证码。

② 电子档案管理系统收到归档电子文件后调用加密算法，将产生的认证码与原认证码进行比对，如果两次认证码不一致，可确定电子文件被更改。

2.完整性检测

（1）检测内容

电子文件信息的完整性，元数据的完整性，特殊格式电子文件所需的软、硬件的完整性。

（2）检测方法

电子文件完整性检测方法如表4-7所示。

表4-7　电子文件完整性检测方法

检测项目	检测方法
电子文件信息完整性检测	将归档电子文件与电子文件应有构成要素进行比较，凡缺少应有构成要素的电子文件均是不完整的电子文件。比如，一份完整的文书类电子文件一般包括正本及其附件、签发单、修改稿等，如有缺失，可认定其不完整
元数据完整性检测	将收集到的电子文件元数据与元数据定义项进行比较，凡缺少应有元数据元素的，可认定为元数据不完整

（续表）

检测项目	检测方法
特殊格式电子文件所需的软、硬件完整性检测	对于某些需要特殊的软、硬件支撑才能显示或处理的电子文件，归档时应检查其所依赖的软、硬件是否与电子文件一同收集

3. 可用性检测

（1）检测内容

电子文件的可用性是指电子文件和电子档案的可理解性和可利用性，包括信息的可识别性、存储系统的可靠性、载体的完好性和兼容性。这是电子文件和电子档案真实性的要件，是收集归档时必须检测的重要内容。

（2）检测方法

电子文件可用性检测方法如表 4-8 所示。

表 4-8　电子文件可用性检测方法

检测项目	检测方法
电子文件和电子档案可识别性检测	（1）收集不可识别电子文件特征，形成特征库 （2）对收集归档的电子文件与不可识别电子文件特征库中的特征进行比对，符合不可识别电子文件特征的可认定为不可识别电子文件
存储系统的可靠性、载体的完好性和兼容性检测	（1）采用防病毒系统检测电子文件和电子档案有无病毒，防病毒系统的病毒库应处于最新状态 （2）兼容性是指电子文件和电子档案存储格式对特殊软、硬件平台的依赖性。兼容性检测包括硬件和软件两个方面。由于当前尚无统一的检测方法，各单位可参照采用信息系统开发中的 Beta 测试法进行检测 （3）如果采用离线移交，还应对载体的完好性进行检测，即检测电子文件存储的载体有无损伤、可否正常使用。需检测的离线载体数量少时可采用人工检测，需检测离线载体数量多时可采用专用检测系统

4. 保管期限和密级的划分

电子文件保管期限和密级的划分，可参照纸质文件材料保管期限和密级的规定。电子文件的背景信息和元数据的保管期限应当与纸质文件信息的保管期限一致。

（五）电子文件的归档

1. 归档范围

电子文件归档范围包括各业务活动中形成的各种结构化和非结构化数据，以及以独立文档形式存在的具有保存价值的信息记录，包括来自办公自动化系统、支持本单位产品和业务的业务系统、财务和会计管理信息系统、人力资源管理信息系统及其他职能活动业务系统或从外部接收的电子文件。

> **小提示**
>
> 　　有些业务系统有可能以租用或云计算服务的形式存在，所形成的电子文件不一定保存在本组织的服务器中，其产生的电子文件也应纳入归档范围。

2. 归档方式

电子文件的收集可以通过在线自动、手动等方式进行，但归档传递过程必须安全可控，应有相应措施防止传递过程中电子文件丢失、信息损失及发生非法篡改，以保证电子文件的真实性。

行政人员在归档电子文件时应注意以下事项。

（1）提交归档的电子文件应属于归档范围。

（2）接收电子文件时应通过相应的技术或人工手段确定电子文件来源可靠。

（3）通过业务系统与电子档案管理系统、数据包交换、数据库交换等方式归档电子文件，应确认电子文件从业务系统向电子档案管理系统传递过程中不会被非法截获和篡改，并通过系统安全保密设置与运行管理等措施保证归档电子文件在到达电子档案管理系统后不会被非法篡改、替换、丢失等。

（4）通过载体移交、复制、邮件发送等方式归档电子文件的，应通过现场多人监督等方式确保移交等过程中电子文件不被非法篡改。

（5）在电子文件移交归档过程中须将元数据一同移交归档，确保元数据齐全、完整。

3. 归档时间

不同种类电子文件归档时间确定原则如下。

（1）经营管理、行政管理、生产技术管理、党群工作管理等管理类电子文件归档时间应为次年 6 月 30 日前。

（2）业务系统形成的电子文件归档时间可根据业务的特点、电子文件的数量和相关电子文件的形成时间确定。形成数量少的电子文件归档时间可适当延长，但最长不得超过一年；形成数量大的电子文件归档时间应设置为季、月或周；形成数量特别大的电子文件应每日归档。

（3）零散形成的电子文件（包括外单位移交的）应与同批次其他非电子载体档案或同类型其他载体档案同时归档。

（六）电子文件的整理

电子文件整理包括分类、组成保管单位、保管单位内文件排序、编制档号等工作，具体如表 4-9 所示。

表 4-9　电子文件的整理

整理要点	说明
分类	电子档案应以件为单位，根据本组织制定的分类方案进行分类，并给定类号
组成保管单位	电子文件归档应组成保管单位并编号定位
保管单位内文件排序	保管单位内的电子文件应按照一定的逻辑顺序编号并定位
编制档号	应对完成分类、组成保管单位及排序的电子文件编制档号

（七）电子档案的存储

1. 电子档案在线存储

电子档案在线存储方式应在电子档案管理系统设计开发时进行规划。选择的存储方式应有利于保证电子档案的真实、可靠、完整、可用，有利于保证电子档案的安全，管理成本最低。

2. 电子档案离线存储

（1）有条件的组织应对电子档案进行以单份文件（含元数据）为存储单元的离线存储，进一步降低电子档案长期保存的风险。

> **小提示**　离线存储时应按离线存储载体容量进行信息组织，不能用运维备份的文件组织方式进行离线存储，更不能用系统备份文件代替离线存储文件。

（2）重要电子档案应进行一式多套离线存储，载体应具有较强的耐久性，载体可选择光盘、磁带、可移动硬盘、固态硬盘等。几套载体宜分开保存，有条件的组织应将一套载体置于距离本组织 300 千米以外、不在同一流域的地点保存，或将几套载体保管在不同的建筑物内。

（3）磁性载体每满 2 年、光盘每满 4 年进行一次抽样机读检验，抽样率不低于10%，如发现问题，应及时采取恢复措施。

（4）对于磁性载体上的电子档案，应每 4 年转存一次；转存后，原载体同时保留时间不少于 4 年。

（八）电子档案保管

1. 电子档案评估

行政部应每年对电子档案的可读取性进行评估并形成评估报告；如存在软、硬件或其他技术升级、变动导致电子档案不可读取的风险，应对电子档案进行迁移，并按规定填写归档电子文件迁移登记表（见表 4-10）。

表 4-10 归档电子文件迁移登记表

源系统情况	硬件平台：	
	软件平台：	
	应用软件：	
	数据库管理系统：	
	存储载体：	
目标系统情况	硬件平台：	
	软件平台：	
	应用软件：	
	数据库管理系统：	
	存储载体：	
被迁移归档电子文件情况	被迁移归档电子文件的档号范围：	
	记录数：	字节数：
	操作者：	迁移时间：

2．电子档案迁移

电子档案迁移前应进行迁移可行性评估，包括目标载体系统、格式的可持续性评估和保管成本评估等，并保证迁移过程电子文件真实性、过程可控，防止迁移过程中电子文件信息丢失、被非法篡改。

（九）电子档案利用

（1）行政部应制定详细的电子档案利用权限规定，利用权限应在电子档案管理系统中实现，并经过确认。当超权限利用时必须进行审批，并保证利用过程中电子档案不被非法篡改。

（2）电子档案可根据授权通过电子档案管理系统在线或离线利用，但不管采用何种利用方式，均应通过日志或其他方式记录利用过程，记录信息包括利用人、利用方式、档号、文件编号、文件名、利用时间等。利用过程信息应作为电子档案元数据的一部分予以保存。

（十）电子档案的销毁

要销毁电子档案，须先登记，编制清册，并按有关规定履行审批手续，再对电子档案进行物理删除；删除时至少安排两人监督，销毁清单及记录须整理成纸质档案保存。涉密电子档案的销毁须按照相关保密规定处理。

细节25：文件销毁管理

（一）定期核对

（1）行政人员应定期核对已记录的信息资料。若发现丢失信息，应在发放清单和索引目录中查询信息发放对象和信息来源，并以适当的方法恢复信息。

（2）行政人员应定期检查已经过期的条目，并加以标注，定期销毁过期、作废的文件。

（二）销毁文件类型及注意事项

（1）销毁文件可分为销毁纸质文件和销毁电子文件两类。

（2）为了便于跟踪和备查，行政人员要对销毁的文件予以登记，保存销毁文件清单。

（3）在删除电子文件后，行政人员必须清空回收站。

（三）销毁范围

（1）已过保存期限、不用继续保存的文件。

（2）组织指定要销毁的文件。

（3）会议上回收的保密文件。

（4）无需部门存档的保密文件。

（5）无保存价值的文件（如已处理的礼品申领表、发放清单等）。

（四）销毁方式

（1）用粉碎型碎纸机粉碎（适用于纸质文件）。

（2）送到垃圾处理站，监督烧毁（适用于不具有机密性、量较大的文件）。

（3）送造纸厂，监督打成纸浆（适用于过期的宣传资料）。

环节 5　办公设备管理

　　办公设备是组织的重要资产，也是帮助组织正常运行的重要工具。只有对办公设备进行专门的管理和维护，才能保证办公设备的正常使用。

　　办公设备的管理流程如图 5-1 所示。

申购部门	行政部	财务部	相关领导

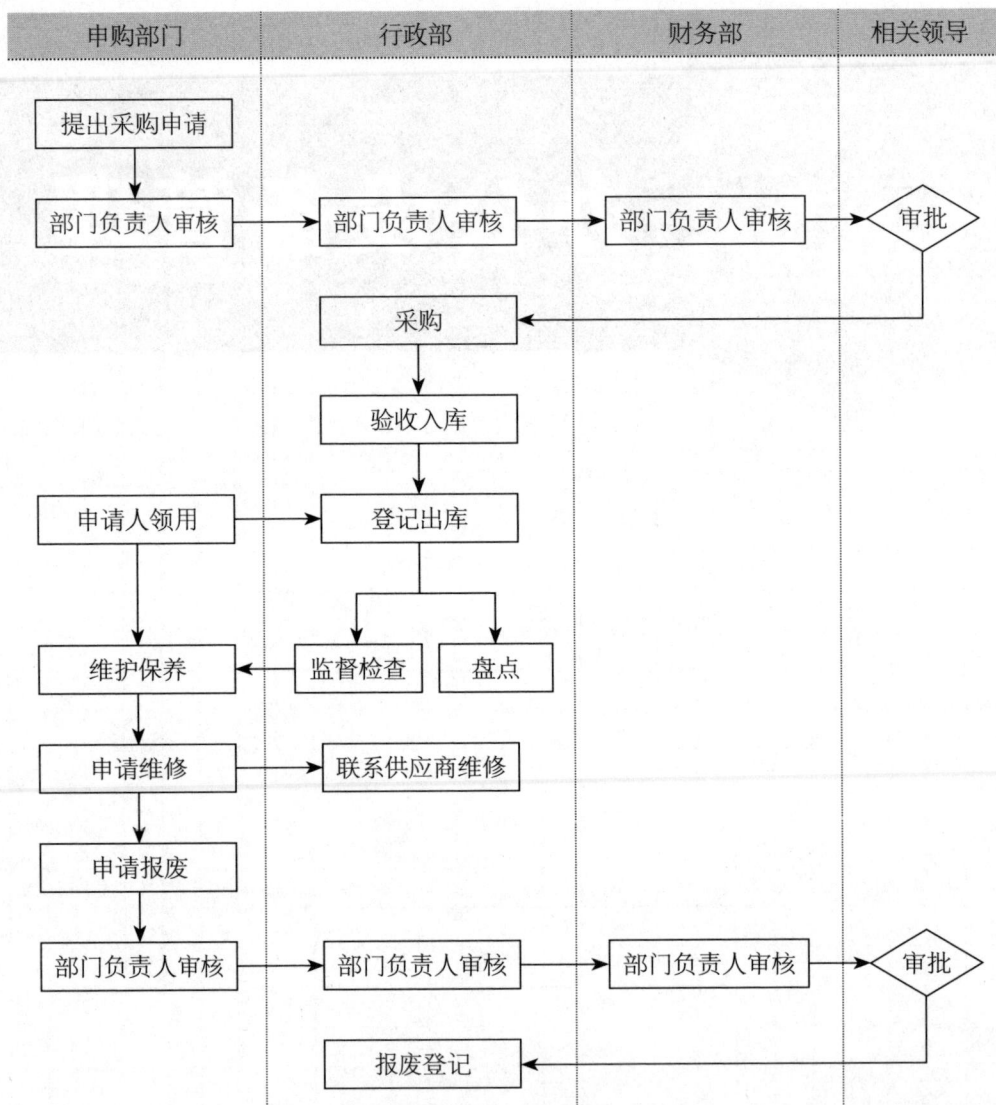

图 5-1　办公设备的管理流程

细节26：办公设备的采购管理

（一）提出采购申请

业务量增多时，容易发生办公设备不足的情况。此时，工作人员可根据需要填写办公设备采购申请表（见表5-1），报部门负责人、行政部负责人、财务部负责人及相关领导审批，通过审批后由行政部安排专人购买。

表 5-1 办公设备采购申请表

申请部门			申请人			日期	
设备名称	型号及规格		月度内预算（是／否）	数量	单价		总金额
合计							
申购原因：							
申请人：　　　　　　　日期：							
申请部门意见：							
签名：　　　　　　　　日期：							
库存情况：							
行政部意见： 签名：　　　　　　　　日期：							
财务部意见： 签名：　　　　　　　　日期：							
单位领导意见： 签名：　　　　　　　　日期：							

注：申请人填写办公设备采购申请表并经部门负责人签署意见后交行政部，行政部负责执行申请程序并将结果反馈给申请人。

（二）新旧设备交替采购

办公设备在长时间使用后会因磨损而发生故障。行政人员应关注办公设备使用时间是否过久，酌情申请新旧设备交替采购。

> **小提示**
>
> 行政人员应在事前听取使用者的意见，了解旧设备在使用过程中常发生的问题，以备采购新设备时参考。

（三）采购设备的要点

在购置办公设备的过程中应货比三家，也就是调查、对比多家供应商所生产的同类办公设备的功能、特征、价格、供货状况、支付形式和售后服务等，选出性价比最高的供应商。

采取货比三家的方式采购办公设备时，应制作采购对比表，比较各家供应商的产品、服务质量及产品对使用环境的适应性，以确定符合条件的办公设备供应商。采购设备的要点如图 5-2 所示。

1 了解供应商的服务质量。比如，供货地、支付形式及售后服务等可以体现供应商的服务质量，从这三个方面对多家供应商进行比较，即可选出服务质量最佳的供应商

2 在采购办公设备的过程中应充分考虑产品本身的功能与价格，比较产品的性能、价格、功率及能耗等，选出性价比最高的产品

3 确保供应商提供的产品与服务与使用环境相适应。充分考虑产品在工作现场能否放置和使用、使用效率与质量能否满足具体工作要求、功能方面是否有浪费现象、产品的废弃物排放是否符合节能减排政策等

图 5-2　采购设备的要点

在采购办公设备时，还要考虑办公设备能否与工作岗位相适应。另外，应充分考虑供货地、运输形式、价格、安全和到货时间等因素。尤其要重视售后服务，这也是采购办公设备时的重要考量因素。

细节27：办公设备的收发管理

行政人员在办公设备的收发管理过程中应注意精准性、规范性与安全性，以防损坏办公设备。在开展工作时，既要确保设备收发、存储时间的精准性，也要保证相关文件与报表的准确性，所有操作均应严格按照有关制度进行。

（一）收货前的准备

（1）事先确定保管与使用设备的人员。

（2）事先掌握设备的特点与功能，以正确安排设备的保存与使用位置。

（3）落实好接收现场的准备工作，保证现场环境符合设备存储及使用要求。

（二）交接验收

行政人员应保证设备与各项文件、合同及单据等相符合，在交接时要做好各项记录，详细记录办公设备的具体情况，并认真填写交接验收登记表。交接双方必须在登记表上签字确认，签字确认后移交工作结束。

（三）办公设备的存储

办公设备保管员要维护、管理办公设备的存储空间，从而保证办公设备存储的安全性。办公设备存储要求如图 5-3 所示。

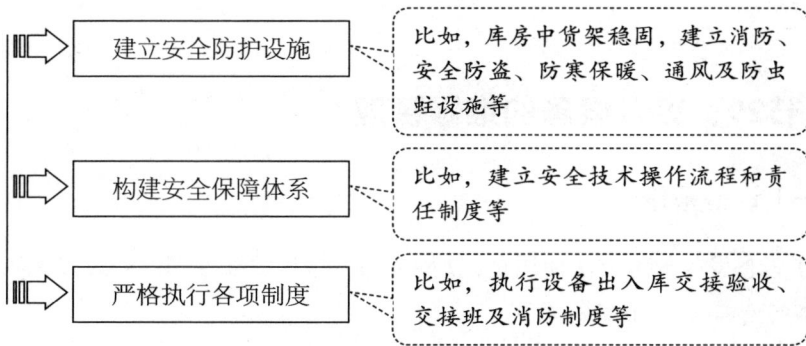

建立安全防护设施	比如，库房中货架稳固，建立消防、安全防盗、防寒保暖、通风及防虫蛀设施等
构建安全保障体系	比如，建立安全技术操作流程和责任制度等
严格执行各项制度	比如，执行设备出入库交接验收、交接班及消防制度等

图 5-3　办公设备存储要求

（四）办公设备的领用

（1）使用部门凭审批通过的办公设备采购申请表到库房（由行政部负责）领取

设备。

（2）行政部要对各部门领取的设备进行编号、登记，以便盘点。

细节28：办公设备的使用和保养

合理使用办公设备，提高组织的经济效益，减少开支，是办公设备管理工作的主要目标。行政部应要求使用和保养办公设备的人员做好表5-2所示的几项工作。

表 5-2　办公设备的使用和保养

要求	说明
充分了解设备	能读懂设备供应商或生产商提供的设备使用说明书，确保对设备的使用方法、使用寿命及耗材检测方法有充分了解
安全使用设备	根据设备使用说明书或用户手册安全地使用设备与耗材，避免因操作不当而造成设备损坏。要将设备使用说明书及安全技术操作规程一直放在设备与耗材旁边，确保使用人员随时可用
及时保养设备	固定部门使用的设备，由各部门按照相应规范正确使用及保养设备

行政部要对办公设备的运行、保养情况进行监督检查，对设备维修、更换零件进行登记备案，对办公设备的使用情况进行不定期的检查，对违规使用办公设备的人员可提请处罚。

细节29：办公设备的维修管理

（一）设备报修

（1）设备发生故障无法使用时，使用人员应报行政部处理；行政部无法解决的，应联系供应商或维修商解决。

（2）对于尚在保修期内的设备，行政部应联系供应商进行维修；对于保修期外的设备，按照最经济可行的维修方案进行维修，包括委托维修商完成维修，并按照维修的真实情况填写办公设备维修记录表（见表5-3）。

表 5-3　办公设备维修记录表

设备名称及编号	部门	姓名	报修时间	故障现象	开始解决时间	经手人	解决完成时间	解决方法

（二）建立维修档案

（1）所有设备的维修都要有完整的维修档案，由行政部统一管理。维修档案的内容主要包括设备名称、维修日期、故障现象、故障原因、维修内容、维修费用、维修单位等。

（2）行政部应定期统计、汇总维修情况，针对各类故障产生的原因提出预防措施，通知使用部门加以防范。

细节30：办公设备的盘点管理

（1）行政部负责对单位所有办公设备进行分类，并建立办公设备管理台账，每季度盘点清查一次，确保账实相符。

（2）在规定的使用年限内，因个人原因造成办公设备毁损、丢失、被盗的，经济损失由个人承担。

细节31：办公设备的报废管理

（1）对于各部门提交的报废物品，行政部要认真审核，确认不能再次利用后，填写办公设备报废申请单（见表 5-4），经财务部、相关领导签字后方可进行报废处理。

表5-4 办公设备报废申请单

办公设备名称及编号	规格型号	单位	数量	预计使用年限	已使用年限	原始价值	已提折旧额
设备状况及报废原因							
处理意见	使用部门		行政部		财务部		单位领导

（2）对于已经决定报废的办公设备，行政部应做好登记，记录设备名称、价格、数量及报废处理的其他有关事项。

（3）报废的办公设备由行政部集中存放和处理，不得随意丢弃。

相关链接

办公设备的报废处置

随着科技的不断进步，办公设备的更新换代速度越来越快。为了保证组织的正常运行，办公设备的更新换代也变得越来越频繁。如何合理地报废处置办公设备，就成了行政人员必须重视的问题。

1. 设备清理

设备清理是办公设备报废处置的第一步。在清理过程中，要对设备进行分类。对于大型设备，可以直接寻找相关的回收商进行回收。对于小型设备，可以通过捐赠、二手交易、闲置处理等方式进行处置。

2. 设备回收

设备回收是办公设备报废处置的重要环节。回收设备可以减少资源浪费，对环境也有一定的保护作用。对组织而言，回收设备还可以获得一定的经济效益。因此，选择正规的回收商进行设备回收是非常有必要的。在选择回收商时，需要注意以下几点。

（1）回收商是否具有相关的资质或证书，如 ISO 9001 质量管理体系认证等。

（2）回收商是否有专业的技术人员进行设备检测和维修。

（3）回收商是否有完善的安全措施，确保设备在回收过程中不会造成二次污染。

3. 设备维修

一些设备虽然已经报废，但仍存在一些可以维修的部件，可以通过设备维修的方式再利用。

（1）对于一些大型设备，如服务器、网络设备等，可以选择专业的设备维修公司进行维修。

（2）对于一些小型设备，可以由组织内部的技术人员进行维修。

4. 设备拆解

对于一些设备，如计算机主机、显示器等，可以进行拆解，对其中可再利用的部件进行分类存放。这些部件可以通过二手交易、捐赠等方式再利用。

设备维修和拆解人员应具备相关的技术能力和专业知识，否则很可能会造成更大的安全隐患。

5. 设备销毁

对于一些设备，如硬盘、U 盘等存储设备，要进行彻底的销毁，以保护组织的商业机密及使用人员的个人隐私。设备销毁可通过物理破坏、数据清除等方式进行。在选择设备销毁机构时，要注意其是否具有相关的资质、证书及安全措施。

6. 环保处理

对于一些设备，如电池、墨盒等，需要进行环保处理。这些设备含有有害物质，如果随意丢弃，就会造成环境污染。因此，需要选择正规的环保处理机构对其进行处理。在选择环保处理机构时，要注意其是否具有相关的资质证书和环保处理设施。

总之，办公设备报废是一项非常重要的工作，应予以高度重视。采用正确的处置方式不仅可以保护环境，还可以获得一定的经济效益。因此，组织需要选择正规的回收商、维修公司和环保处理机构报废处置设备，以保证报废处置的安全性和可持续性。

环节 6　办公用品管理

办公用品是组织资产的重要组成部分，如果管理得当，不仅可以减少资源浪费，节省开支，还可以为组织的经营运作打好基础。

办公用品的管理流程如图 6-1 所示。

申购部门	行政部	财务部

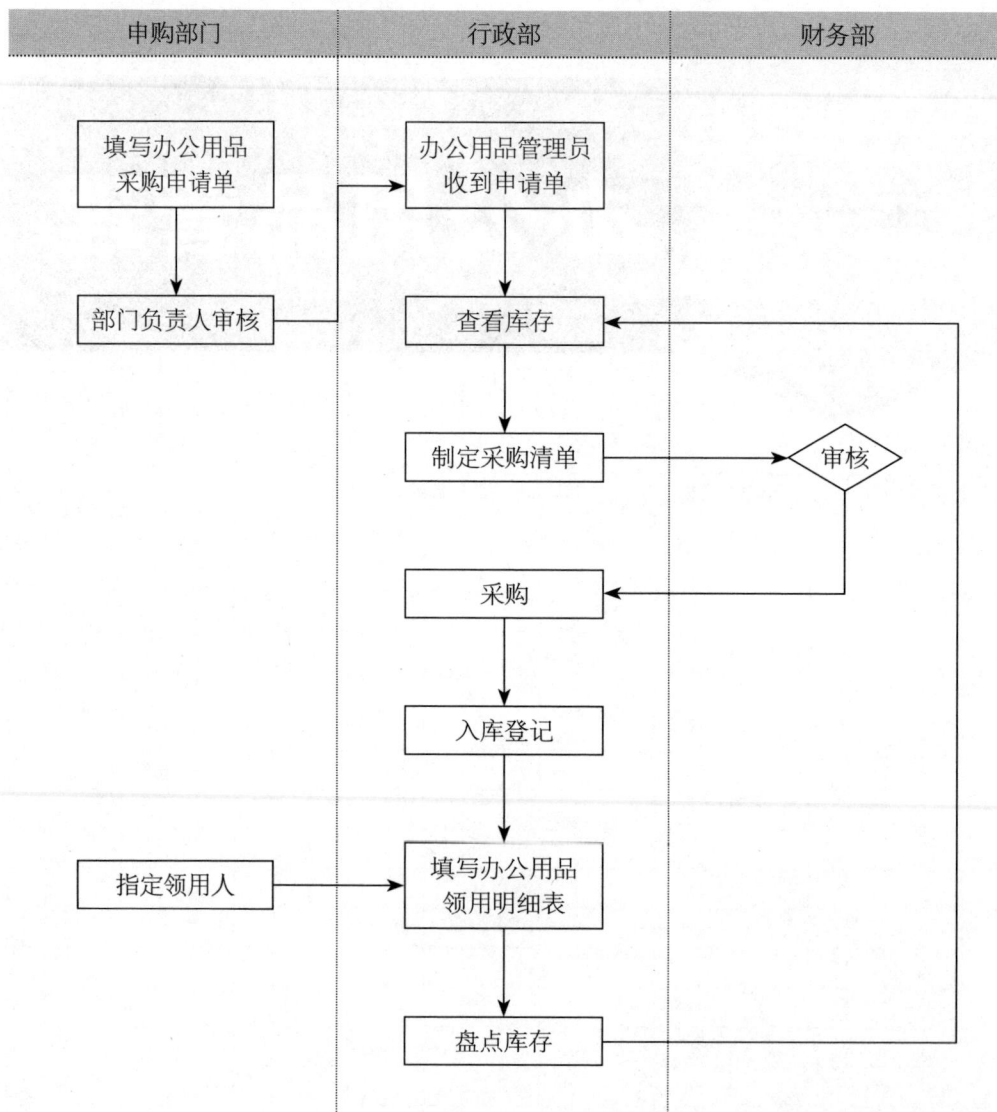

图 6-1　办公用品的管理流程

细节32：办公用品的采购

（一）采取集中采购方式

行政部应根据工作需要制订计划，实行集中采购。每年选出 3 ~ 5 家办公用品经营企业，由行政部牵头成立评审小组，财务部参加，对其资质进行评审，选择质优价廉、诚信可靠的企业作为当年办公用品的供货商。

（二）采购程序

（1）行政部可要求各部门于每月规定时限内根据工作需要提出下月的办公用品需求计划，填写办公用品采购申请单（见表6-1）并经部门负责人签字后报行政部。

表 6-1　办公用品采购申请单

部门名称						
申请时间				申请人		
序号	办公用品名称	品牌	规格型号	数量	单位	备注
申请理由						
部门负责人意见		行政部意见		财务部意见		

（2）行政部统一汇总、整理各部门的采购申请，并核查库存状况，制定采购清单并报财务部审批。

（3）行政部根据审批后的采购清单在次月将办公用品一次性采购到位。

（4）各部门若需采购临时急需的办公用品，应在办公用品采购申请单"备注"栏内注明急需采购的原因，报财务部批准后，交由行政部进行采购。

（三）采购要求

采购工作要科学、合理、透明。

（1）采购前应做好市场调查，充分掌握拟采购物品的性能、价格及附加优惠条件等。

（2）采购时应有 3 家以上供应商提供报价。权衡质量、价格、交货时间、售后服务、资信等因素，根据"同品牌、同质量，选价格最低的产品"的原则选择供应商，并与其签订采购合同。

> 小提示　集中采购需根据单位实际情况而定，不能一概而论，要以提高管理水平、尊重市场规律、实现组织效益最大化为原则。

细节33：办公用品的保管

（1）采购回来的办公用品由行政部负责保管。办公用品的采购员与保管员应由不同的人担任，各负其责，不得由一人兼任。

（2）办公用品的种类和数量要科学确定、合理控制。常用、易耗、便于保管和适于批量采购的办公用品可保持适量的库存。避免不必要的库存，确保办公用品供应足、周转快、消耗少、费用省。

（3）批量购入的办公用品应即时入库存储，采购员和保管员要做好交接，在办公用品入库登记表（见表6-2）上如实填写入库物品的名称、型号、单价和数量等信息。

表 6-2　办公用品入库登记表

编号	物品名称	型号	单位	数量	单价	入库时间	备注

（4）加强对办公旧物的管理。阶段性使用和暂时闲置的物品要妥善保管，随时待用；替换下来的各类办公用品交由行政部保管，行政部要及时回收、登记，并修旧利废。

（5）定期盘点办公用品库房，确保账实相符。随时掌握库存物品的数量、质量和需求情况，适时增加库存，保障供给。

细节34：办公用品的领取

（1）各部门指定人员负责领取本部门计划领用的所有办公用品，并履行登记签领手续。

（2）管理类用品应按"以旧换新"方式领取，原则上使用时间不得少于1年。

（3）行政部为各部门制作办公用品领用明细表（见表6-3），以登记造册的方式进行管理，每月核算领用明细并通知各部门核算结果。当月未领用完的可转至下月领用；当月超支仍需领用的，经部门负责人同意，可预支下月费用。行政部每季度预结一次账目，对结算超支的部门暂停供应办公用品，由部门提出追加经费申请，报财务部审批。

表 6-3　办公用品领用明细表

领用时间	编号	用品名称	数量	领用人	登记人	备注

细节35：办公用品的使用

（1）办公用品均用于日常办公，不得对外使用或私用，不得私自转借给其他组织或个人。

（2）各类办公用品均属组织财产，使用人员应爱护并有效利用。办公用品若被人为损坏，应由责任人照价赔偿。

（3）离职人员应及时移交个人保管、使用的办公用品（消耗类用品除外），并做好交接工作。

（4）各部门领用的办公用品由部门负责人负总责，部门负责人对办公用品的丢失、损坏等情况负有领导责任。如果出现严重问题，将给予其通报批评并由其赔偿相应的损失。

细节36：办公用品的监管

对于办公用品的监管，行政部可以从以下几个方面着手。

（1）采购要严把入口关，保证办公用品的采购质量，控制办公用品的采购价格。

（2）可利用信息化系统对组织整体、各部门办公用品的使用情况进行分析，如对本组织与规模类似的组织进行对比分析，对各部门进行对比分析，对各部门的使用情况进行年度、季度对比分析，等等。

（3）财务部在审核付款申请单时应关注办公用品的入库数量是否准确、办公用品的价格是否合理。

（4）各部门应做好部门内部的办公用品台账登记，确保全程可追溯，从而提高办公用品的使用效率。

（5）强化审计部监管职责，采取定期和不定期、内部和外部相结合等方式进行财务审计、纪检巡察，发现问题、漏洞要及时改进。

环节 7　公务车辆管理

　　组织的日常活动离不开公务车辆，要让公务车辆更好地服务于组织、安全持续地运行，行政部就要对其进行有效的管理。公务车辆管理的主要内容包括新车购入、车辆调度和使用、司机管理、车辆费用管理、车辆安全管理、车辆日常保养与维修管理等。其中，车辆调度和使用流程是比较重要的，具体如图 7-1 所示。

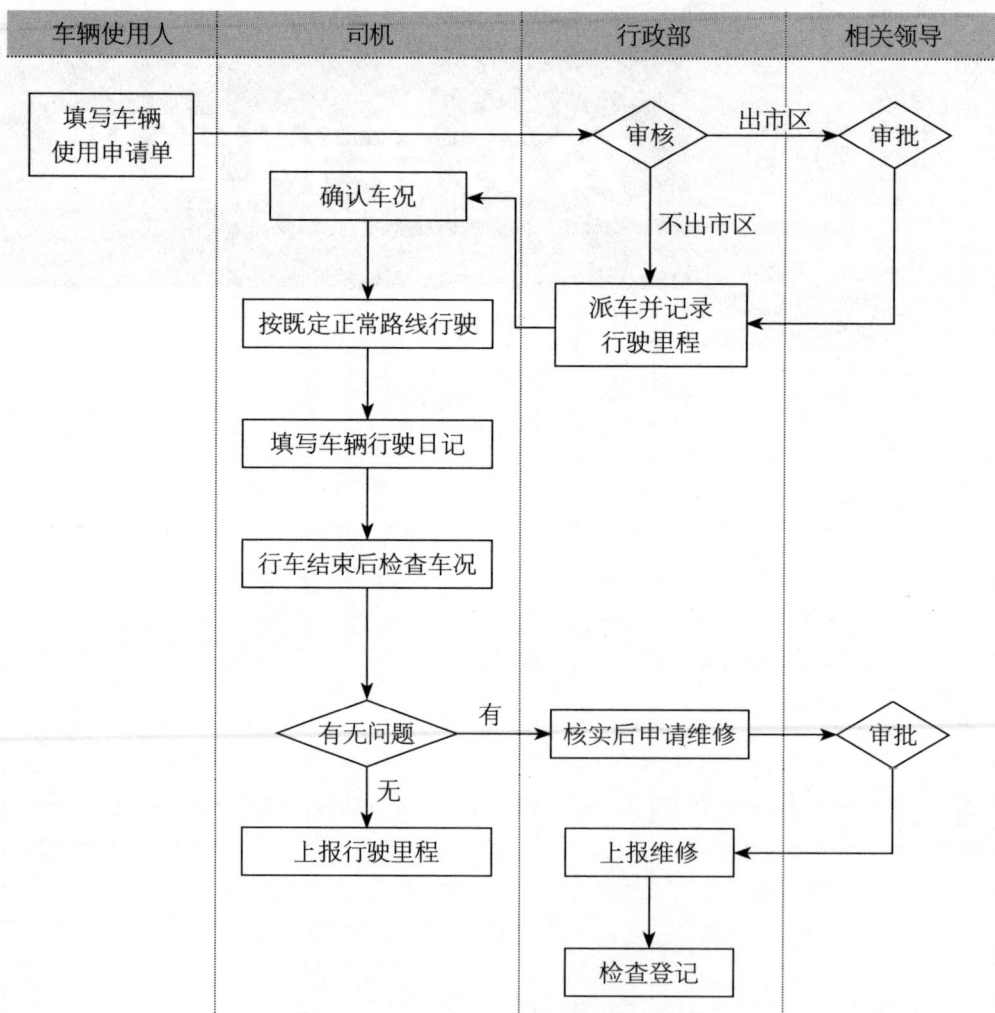

图 7-1　车辆调度和使用流程

细节37：新车辆的购入

（一）购买车辆

新车辆的购入要符合组织的固定资产采购管理办法和采购计划。购买前应进行市场调查，慎重选择，购买最适合组织使用的车辆。

（二）交车

（1）交车时，行政人员除了遵守操作说明，还应进行行驶测试。

（2）行政人员在交车时必须仔细检查车体，如车体外部是否有划痕、凹凸等。另外，还应确认附属用品是否齐全。

（三）制作车辆管理卡

为了做好车辆管理，应制作车辆管理卡（见表7-1）。车辆管理卡如同设备管理簿，相当于车辆的身份信息记录和诊断记录。行政部要将车辆管理卡副本交给司机，司机依此记录检查、修理情况。

表7-1　车辆管理卡

编号：　　　　　　　车牌号：　　　　　　　　　　　　日期：　　年　月　日

车辆登记号码	车辆名称及型号	车辆制造号码		购入日期		
购入金额	供应商	供应商所在地及电话号码				
检验、修理日	检验、修理的记录	经办人	折旧记录栏	折旧年度	折旧额	残值	记账
				备注：		

制表人：　　　　　　　　　　　　　审核人：

（四）换新与报废

在车辆换新与报废过程中，要以耐用年数及行驶里程来判断是否应该购买新车。行政部负责提出换新申请，办理采购手续，并申请将旧车报废。

细节38：车辆调度和使用

（一）明确使用范围

公务车辆以公务使用为主，非公务行为原则上不能使用公务车辆。公务车辆的使用范围如图 7-2 所示。

接送客户用车	接送领导用车	接送员工外出公务用车	其他特殊、紧急情况用车

图 7-2 公务车辆的使用范围

（二）车辆调度

（1）有车辆使用需求的部门须提前一天填写车辆使用申请单（见表 7-2）并交行政部审批，以便行政部做好车辆调度计划。

表 7-2 车辆使用申请单

申请日期		申请人员	
申请时间		返回时间	
申请理由			
申请部门意见：		行政部意见：	

若多个部门同时申请，行政部可以根据用车的紧急程度进行统筹安排。车辆调度原则如图 7-3 所示。

紧急事件优先	>	领导优先	>	先报先得

图 7-3　车辆调度原则

（2）行政部须凭签准的车辆使用申请单及时、合理地调度车辆和指派司机。

（3）若无法安排用车，行政部须说明情况，详细解释，避免误事。

（4）对于需要出市区的用车申请，报相关领导审批后方可派车。

（三）做好使用登记和行车记录

（1）每次派发车辆时，相关人员须认真填写车辆使用登记表（见表 7-3），以便查实。

表 7-3　车辆使用登记表

编号：　　　　　　车牌号：　　　　　　　　　日期：　　年　月　日

时间	行驶路径	加油费（元）	维修费（元）	行驶里程（千米）	备注

（2）填写车辆行驶日记（见表 7-4）是车辆管理工作的重点环节。车辆行驶日记一般由车辆驾驶人员填写。

表 7-4　车辆行驶日记

编号：　　　车牌号：　　　　　　　日期：　　年　月　日

行驶日期	星期	所属单位		驾驶者姓名	
车辆登记号码： 车种：	使用前：_____千米	加油量	加油费用	加油站	
	使用后：_____千米				
	本日行驶：_____千米				

（续表）

出发时间		目的地	到达时间		乘坐人员
时	分		时	分	
备注：					

（四）严禁公车私用

（1）越来越多的组织选择在公务车辆上安装全球定位系统（Global Positioning System, GPS），以实时定位车辆，记录行驶轨迹、平均车速、行驶里程等数据，更加高效地管理车辆，防止公车私用。

（2）未经批准因私事用车肇事的，所造成的经济损失全部由肇事者承担；凡节假日未经批准用车或擅自将车交给他人驾驶而引发事故或造成损失的，责任由驾驶员承担。

细节39：司机的管理

行政部对车辆的管理在很大程度上是通过对司机的管理来实现的。

（一）对司机的日常管理

（1）司机须具备有效的驾驶证件，低级别司机不得驾驶高级别车辆。

（2）司机须遵守交通安全相关法律法规和本组织的相关制度，安全驾车。

（3）司机应经常检查自己所开车辆的各种证件，在出车时要确保证件齐全、有效。

（4）司机一定要遵守交通规则，文明开车。

（5）司机要对组织各级领导的谈话保密，要保守组织的商业秘密和技术秘密。若因泄密给组织造成损失，将追究其法律责任。

（6）司机在上班时间若未出车，则应在司机室等候；若有要事确需离开司机室，要先请假，说明去向和所需时间，经批准后方可离开；开车外出回来后，应立即到行政部报到。

（7）未经领导批准，司机不得将自己负责保管的车辆交给他人驾驶或挪作他用，否则行政部将根据情节轻重给予警告或记过处分；若司机给组织造成损失，将要求其赔偿；应当追究刑事责任的，将交由司法机关处理。

（8）司机应爱惜车辆，平时要注意保养车辆，经常检查车辆的主要机件。司机应每月至少花半天时间对自己所开车辆进行检修，确保车辆能够正常行驶，并做好检修记录。

（9）司机要每天对自己所负责的车辆进行清洁、保养，并做好清洁、保养记录；行政部负责监督检查，并将上述工作列入考核项目。

（10）出车前，司机要检查车辆的水、电、机油及机件性能等是否正常，一旦发现异常，要立即加补或调整；尤其要检查车辆转向、刹车、离合、车胎的情况，若有异常，应立刻向主管领导汇报。

（11）出车回来后，司机要检查存油量，若发现存油量不足一格，应立即加油。此外，司机还应对车辆在出车过程中的状况进行评估，并将异常情况登记在册，及时提出保养和维修建议。

（二）对司机违章事故的处理

对司机违章事故的处理的具体内容如下。

（1）若司机在驾驶车辆时发生事故，组织将依据事故的性质和责任及造成的损失给予司机相应的处罚。

（2）司机若酒后驾驶、未经过单位批准将车辆借给他人使用、发生交通事故后逃逸、未经单位批准将车辆用于其他用途并发生事故，则须承担全部经济损失和相应的法律责任。

（3）司机若在行驶和停车过程中造成货物丢失或损失，则须按照相关规定进行赔偿。

（4）行驶途中，若车辆出现故障并需要维修或更换部件，司机须事先征得部门主管同意，事后应以书面形式将维修情况报告给行政部；行政部进行鉴定、核实，给出处理意见，报行政部门领导审批。

（5）在发生交通事故后，司机应第一时间通知交通管理部门处理，同时告知行政部。司机应首先维护现场、抢救伤员；行政部应将事故情况上报相关领导，并做好后续的处理工作，必要时可到现场协助交通管理部门。

细节40：车辆费用管理

（一）油卡日常管理

行政部应加强车辆用油管理，控制用油支出。

（1）所有车辆统一使用油卡加油，实行"一车一卡"制度。

（2）严禁司机用现金加油，遇特殊情况确需付现金加油的，应由部门主管提出申请，报财务部审核，经单位主管领导批准后，报行政部备案。

（3）办理油卡后，行政部对车牌号与油卡号码进行备案登记，油卡一经备案，不得变更。遇特殊情况不能正常加油的，司机应将具体情况上报行政部。

（4）禁止车辆间互换油卡，禁止司机使用其他车辆的油卡加油。

（5）司机在使用油卡加油时应保留小票，并在每月月底做好统计工作。

（二）油卡充值管理

行政部应及时了解油卡的使用情况，并结合驾驶人员反馈的油卡余额情况，做好油卡充值工作。车辆管理人员在申请油卡充值时，应结合车辆用油统计表填写油卡充值申请表（见表7-5），然后报财务部审核、相关领导审批。行政部在进行油卡充值时，要向充值卡中心索要增值税专用发票和油卡消费清单，以便统计、核实车辆用油情况。

表 7-5　油卡充值申请表

编号：　　　　　　　　　　　　　　　　　　　日期：　　年　月　日

上次充值额（元）		余额（元）	
起始里程		截至充值时里程	
申请日期		行政部	
申请人（签章）		财务部	
申请金额（元）		单位领导	
核实金额（大写）	___万___仟___佰___拾___元___角___分		
财务主管：	会计复核：		出纳：

（三）车辆保险管理

车辆保险由行政部每年根据到期情况进行集中比价及办理，生效后记入车辆费用台账。

（四）维修保养

保修期内的车辆定期维保；保修期外的，由行政部根据供应商考核办法选择合适的维修商提供服务。

在维修保养时，若需要更换配件，须向行政部提出申请，批准后方可更换。

（五）其他费用

（1）洗车费。司机根据车辆卫生情况或在接待重要客户前到指定洗车场洗车。

（2）检车费。行政部根据车辆年检情况和计划安排司机驾车到指定检车点检车。

（3）过路费。行政部统一为车辆办理电子不停车收费卡，定期充值并整理留存相关档案。

（4）停车费。司机根据实际情况垫付，凭票报销。

细节41：车辆安全管理

驾驶员负责车辆的安全行驶和保管。

（1）所有车辆均由专职驾驶员驾驶，其他员工不得驾驶。

（2）驾驶员要严格遵守交通规则，严禁酒驾、醉驾、公车私用或未经审批将车辆交给其他人员驾驶。

> **小提示**
>
> 这一项管理要求应列入驾驶员的考核要求及工作职责，驾驶员要严格执行。一旦发现违规情况，须严肃处理，只有这样才能保证车辆的行驶安全。

（3）驾驶员还车时须将车辆按规定停放在指定停车场内，未经车辆管理员同意，车辆不得停放在指定停车场外过夜。未经批准将车辆停放在外面过夜的，按相关规定予以处罚，造成损失的，追究相关责任人责任；遇特殊情况经批准后将车辆停放在外面的，应选择安全的停车场停放车辆，驾驶员离开车辆时要注意锁好车辆。

遇特殊情况，如因公驾驶车辆外出临时过夜停放的，应将车辆停放在正规停车场，不按规定停放造成车辆受损或被盗的，驾驶员按情节轻重负相应责任；私自驾车外出造成车辆受损或被盗的，驾驶员要承担全部的经济损失。

（4）禁止将车辆借给他人驾驶，遇特殊情况确需调换驾驶的，须经车辆管理员批准；违反规定的，视情节给予相应的处罚。

环节 8　印章管理

　　印章是组织身份和权力的证明。盖有印章的文件是受法律保护的有效文件，同时意味着组织对文件的内容承担法律责任。为了确保印章得到合法、有效、正确的使用，维护组织的利益，行政部应做好印章管理工作。

　　印章管理流程如图 8-1 所示。

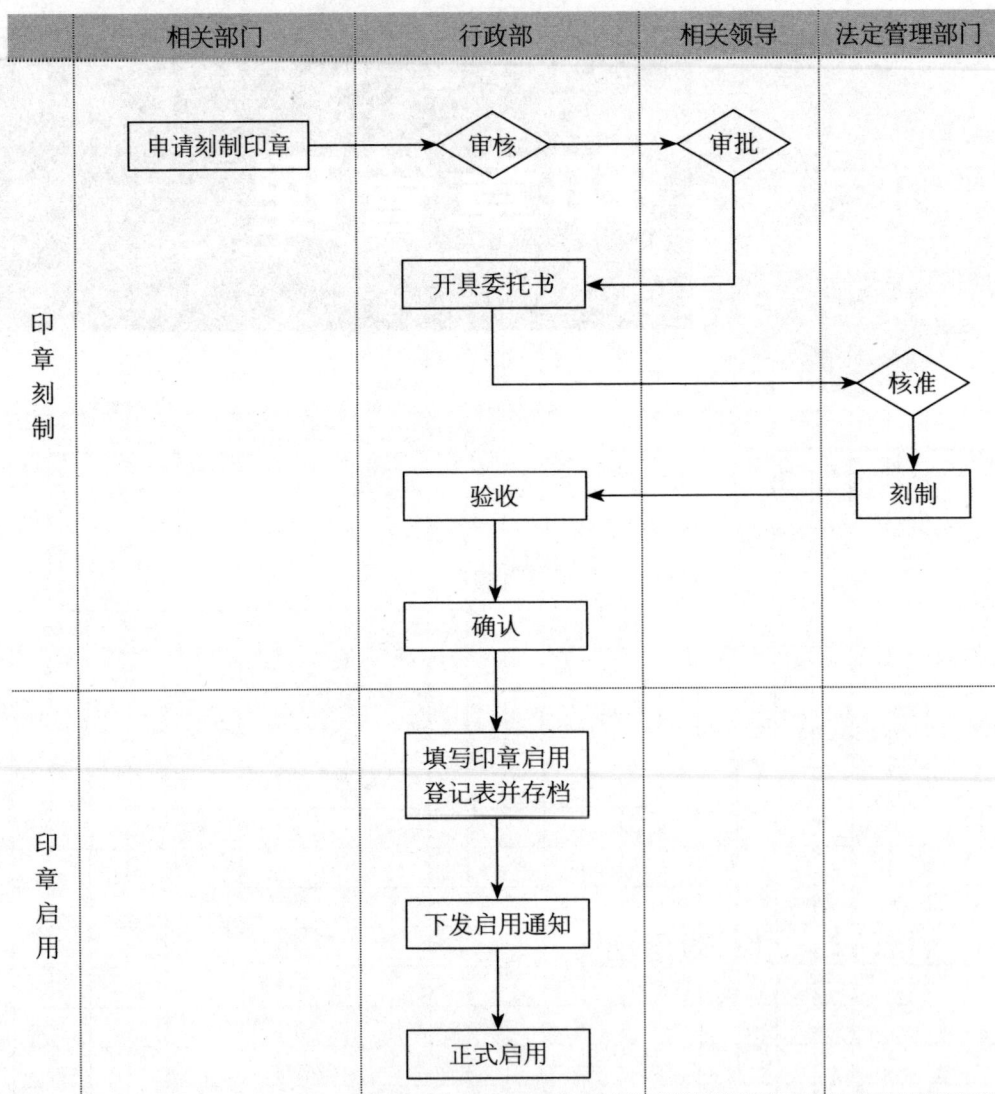

相关部门	行政部	相关领导	法定管理部门

印章刻制

申请刻制印章 → 审核 → 审批

开具委托书

核准

验收 ← 刻制

确认

印章启用

填写印章启用登记表并存档

下发启用通知

正式启用

图 8-1　印章管理流程

124

相关部门	行政部	相关领导	法定管理部门

印章使用

```
提出申请 ──→ 审核 ──→ 审批
   │                       │
   ↓                       │
填写印章使用 ←──────────────┘
登记表
   │
   ↓
是否外带          否
印章      ──────────→  核准用章
   │                       │
   │是                     ↓
   │                    使用登记
   │                       │
   │                       ↓
   │                     盖章
   │
   └──────────→ 审核 ──→ 审批
                            │
                            ↓
                  审查、复核 ←──┘
                     │
                     ↓
领取印章 ←── 印章外带登记
   │
   ↓
外带使用
   │
   ↓
归还印章 ──→ 印章归还登记
```

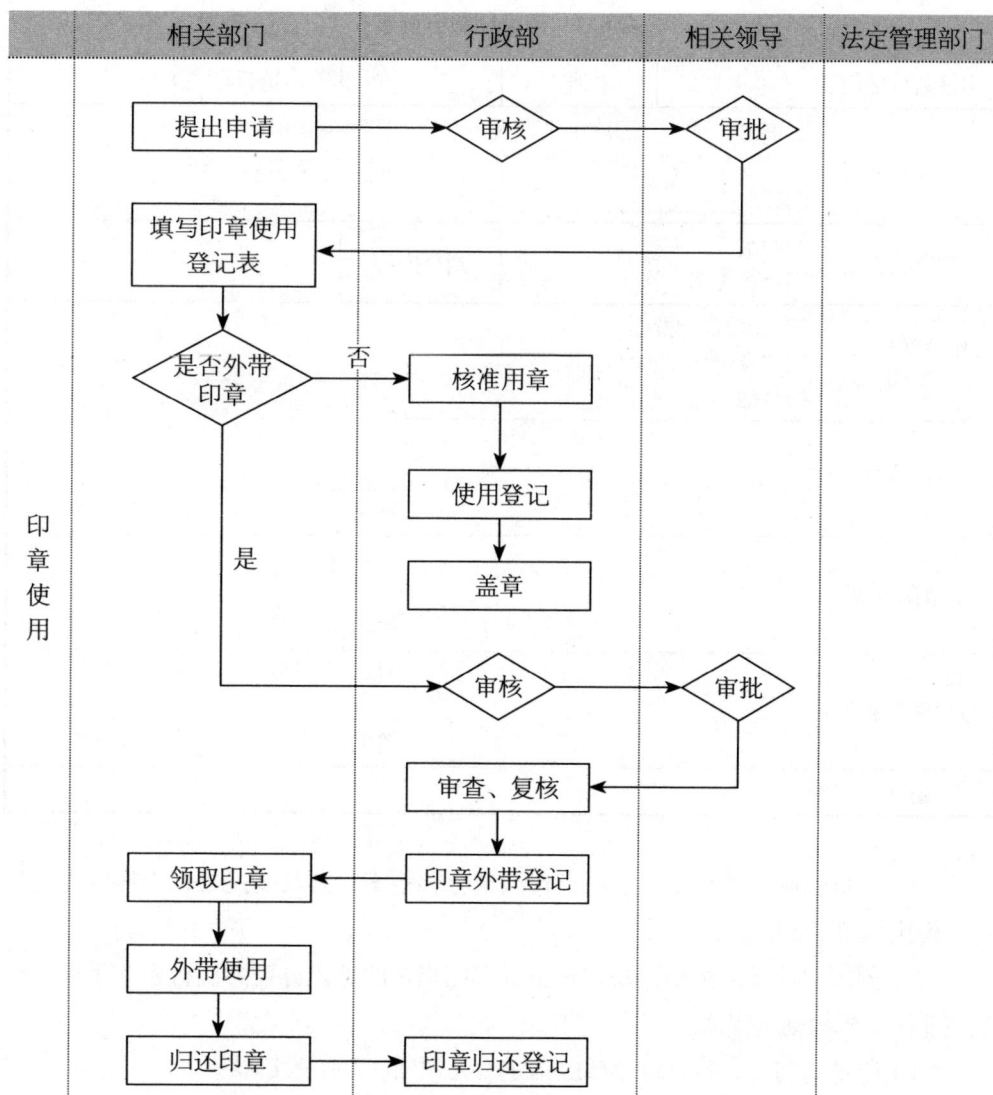

图 8-1　印章管理流程（续）

细节42：印章的刻制

（1）各类印章的刻制申请由印章使用管理部门提出，并根据需求填写印章刻制申请表（见表 8-1），对刻章的种类、状况、内容、原因等进行详细说明，申请上报到行政部，并经相关领导审核批准后，方可进行印章的刻制。

表 8-1　印章刻制申请表

申请刻章部门		申请人		申请日期		
申请章类	□单位公章　　□法定代表人名章　　□财务专用章 □发票专用章　　□合同专用章　　　□部门专用章（部门_____） □其他_____					
刻章状况	□初次 □复次（第__次）		刻章内容			
申请刻章的原因	□新刻制，原因：_____ □原章损坏，损坏原因：_____ □其他：_____					
部门意见	 　 签名：　　　　　　　　　　年　月　日					
行政部意见	 　 签名：　　　　　　　　　　年　月　日					
单位领导意见	 　 签名：　　　　　　　　　　年　月　日					
备注						

（2）印章刻制申请审批通过后，行政部存档备案，开具委托书，委托专人到指定机构执行印章刻制。

（3）刻制印章必须按相关规定在主管部门指定的地点办理并履行备案手续，严禁在非法定机构刻制印章。

（4）印章刻制完成后，行政部应指定专人领回，并验收确认。

（5）在印章刻制的过程中，所有人员都要严格保密。承担印章刻制工作的机构和刻章者不得留样、仿制，组织不得自行刻制印章。

相关链接

印章的种类

印章主要分为以下五种。

1. 公章

公章一般是圆形章，是法律效力最高的印章，代表着法人的意志，主要用于对外事务，如需要加盖印章的工商、税务、银行等方面的外部事务。

2. 法定代表人名章

法定代表人名章是单位法定代表人的人名印章，一般是方形章，印章上篆刻有法定代表人的名字，法定代表人可能是公司的董事长或总经理等。法定代表人名章一般只在特定的时候使用，如公司在出具票据时就需要加盖此印章。

3. 财务专用章

财务专用章又称财务印鉴章，外观上主要有正方形、圆形、椭圆形三种。一般情况下，财务专用章的印章尺寸大小由当地主管部门确定。

凡涉及财务的事项，如出具票据、支票等，均需使用财务专用章。财务专用章一般与法定代表人名章一起作为银行预留印鉴。

各类组织应当加强银行预留印鉴的管理。财务专用章应由专人保管。严禁一人

保管支付款项所需的全部印章。

4. 合同专用章

合同专用章即用于签订合同的印章，外观上有椭圆形和圆形两种，印章上刻有单位名称和"合同专用章"字样。该印章专用于签订合同。若没有合同专用章，可用公章代替。

5. 发票专用章

发票专用章指开具发票的单位或个人按税务机关规定刻制的印章，印章印模里含有单位名称、"发票专用章"字样、统一社会信用代码，在领购或开具发票时加盖。

开具发票时一定要加盖发票专用章（未加盖的情况下，将由税务机关责令改正，可处 1 万元以下的罚款），不可以用财务专用章或公章替代。

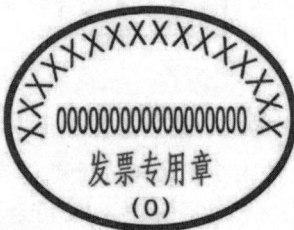

细节43：印章的启用

（1）印章启用前应填写印章启用登记表（见表 8-2），登记印章图样、领回时间、领交人等信息，并以蓝色印泥加盖在行政部印章存档册中存档备查。

表 8-2 印章启用登记表

印章名称	启用日期		领回日期
领交人	领交人 1:		
	领交人 2:		
印模留样	种类		
	用途		
印章保管人：			
行政部负责人：			
备注：			

（2）新印章启用前，由行政部下发启用通知，并声明启用日期、发放单位和使用范围。在启用日期前，印章是无效的，只有在启用后，印章才能使用。

细节44：印章的保管

各种印章的权限不一，所以要充分重视印章的保管工作。

（一）实行专人管理

专人管理即安排特定部门或专职人员管理印章的使用、登记。

比如，单位公章、合同专用章由行政部专人负责保管；财务专用章由财务部专人保管。重要印章如财务专用章、法定代表人名章等，必须严格实行由两人以上分开管理。各部门用章由部门负责人指定专人保管，并将管理员名单报行政部/办公室备案。

一般来说，专管公章的部门或人员仅限于行政职能部门或行政人员，须避免公章管理人员与负责对外销售或采购的人员为同一人，因为后者对外从事商务活动，由其管理公章容易使权利的行使不透明，难以监控其用章的正当性或合理性。

印章管理人员应具备如图 8-2 所示的三大素质。

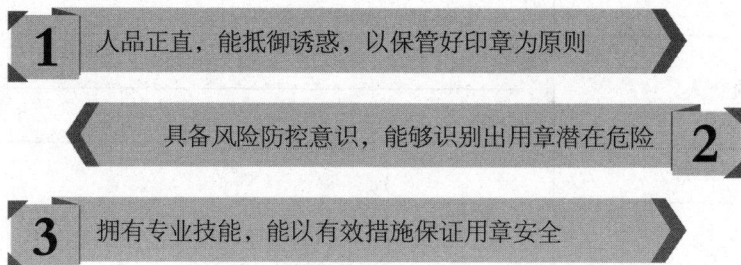

1 人品正直，能抵御诱惑，以保管好印章为原则

具备风险防控意识，能够识别出用章潜在危险 **2**

3 拥有专业技能，能以有效措施保证用章安全

图 8-2 印章管理人员应具备的素质

（二）增强印章管理者的法律风险防控意识

组织可以要求印章管理者签订岗位承诺书，增强印章管理者的法律风险防控意识。

下面提供一份印章管理岗位承诺书范本，仅供参考。

范本

印章管理岗位承诺书

一、我保证严格履行公司《印章使用管理规定》，妥善保管公司印章、不私自委托他人代管，不随意放置印章。如果因保管不慎导致印章丢失、损坏或被盗，我将立即报告行政主管副总经理。我保证在使用印章时严格执行批准流程，未经相关领导批准不盖章；经批准盖章的，认真填写印章使用登记表。

二、我所管理的印章只能在下列范围内使用，超出下列范围的，我将拒绝盖章，否则我愿意承担由于违规盖章所造成的经济损失和法律责任。

1.公司公章使用范围如下。

① 公司内部文件，对外承诺文件，经济或法律纠纷文件，诉讼文件，公司章程修订、合并、分立、增资、减资、清算、解散等文件，职工身份证明，员工因买房需开具的收入证明；

② 上报税务相关材料；

---

③ 上报建设主管部门等相关材料（异地备案、资质类申报、资质类年检、企业评先、文明工地、优质工程等材料）；

④ 上报市场监督管理部门相关材料（营业执照申报、年检、重合同守信用企业申报等材料）；

⑤ 招投标相关文件（报名材料、资格预审材料、答疑文件、投标文件、报价单、确认文件等）；

⑥ 项目结算相关文件（预决算书、结算报告、定案单等）；

⑦ 企业技术等相关文件（施工组织设计文件、施工方案、竣工资料）；

⑧ 对外介绍信、员工档案等。

2. 合同专用章使用范围为合同、协议类文件，批准人为总经理。

3. 法定代表人名章仅用于项目招投标，批准人为总经理和主管经营的副总经理。

三、保证不在下列印章禁用范围内盖章，否则我愿意承担由此造成的经济损失和法律责任。

印章的禁用范围：任何形式的对任何法人和其他组织及自然人的担保、任何形式的借据、任何形式的欠条、任何的空白页、任何的收入证明（本公司员工的收入证明除外）。法定代表人批准的特殊情况除外。

四、领导层的批准权限仅限于下列范围，超出下列范围的，我将拒绝盖章。否则，我愿承担由违规盖章所造成的经济损失和法律责任。

公章的批准人是总经理、副总经理，具体权限为：总经理①、②（经总经理授权后由财务部经理审批），以及①～⑧以外确需使用公章的；主管经营的副总经理④、⑤；主管工程的副总经理（总工程师）⑦；主管行政的副总经理③、⑥、⑧。

合同专用章批准人为总经理。

法定代表人名章批准人为总经理和主管经营的副总经理。

五、若不按规定使用印章，我愿意接受公司通报批评并接受罚款 1 000 元，同时承担法律责任，给公司造成的经济损失由我赔偿。

六、其他违规使用印章所造成的经济损失和法律责任由我承担。

受诺人：×× 省 ×× 建筑基础工程有限公司　　　　　　承诺人：× × ×

日期：20×× 年 ×× 月 ×× 日

（三）建立日常保管制度

组织要制定印章管理制度，指定印章归口管理部门，明确各部门的管理职责，明确印章刻制、使用流程，做到有规可依、有章可循。

下面提供一份印章管理制度范本，仅供参考。

范本

印章管理制度

一、总则

为保证公司印章的合法性、可靠性和严肃性，有效地维护公司利益，规范公司印章的使用与管理，杜绝违法违规行为的发生，实现印章管理的规范化，特制定本制度。

二、公司印章使用范围

公司的印章是指公司公章、法定代表人名章、财务专用章、发票专用章。公司所有印章必须严格按本制度的规定使用。

（一）公司公章的使用范围如下。

1. 公司对内签发的文件。

2. 公司对外与相关单位联合签发的文件。

3. 由公司出具的证明及有关材料。

4. 公司对外提供的财务报告。

5. 公司章程、工商登记资料及股东出资证明。

6. 员工岗位变更通知、解除劳动关系通知等。

7. 员工的劳动合同、任免聘用相关资料。

8. 对外经济合同、合作协议、承诺书、担保函等。

（二）公司法定代表人名章，主要用于需加盖法定代表人名章的合同、财务报表、人事任免等文件。

（三）财务专用章，主要用于货币结算等业务。

（四）发票专用章，主要用于公司出具的发票、收据等票据。

三、公司印章的管理职责

（一）公司总经理负责公司公章和法定代表人名章的使用审批工作。

（二）财务部负责人负责财务专用章、发票专用章的使用审批工作。

（三）印章管理员负责的事项如下。

1. 负责印章的保管。

2. 负责建立印章使用登记表。

3. 负责印章使用的审核工作。

4. 负责按照印章使用规则，监督所保管印章的使用。

四、公司印章的管理、使用及保管

（一）印章的管理

1. 公司公章由公司总经理负责管理。印章管理员须切实负责，不得将印章随意放置或转交他人。因事离开岗位确需移交他人的，可指定专人代管，但必须办理移交手续。

2. 为保证资金账目的绝对安全，财务专用章、法定代表人名章等银行预留印章由两人以上分开保管、监督使用，确保做到一人无法签发支票、汇票，一人无法提出现金。管理人员应由财务部和行政部至少各出一人。

（二）印章的使用

1. 公章的使用须严格遵循印章使用申请审批程序，按照印章的使用范围，经总经理同意后方可用章。

2. 由印章管理员设立印章使用登记表，严格执行审批和登记制度。

3. 公司法定代表人名章经总经理审批后方可使用。

4. 财务专用章、发票专用章经财务部负责人审批后方可使用。

5. 严禁员工私自将公司印章带出公司使用。因工作需要，确需将印章带出使用的，须填写携带印章外出申请表，经分管领导及总经理签批后，由专人陪同方可带出。印章外借期间，借用人与陪同人只可将印章用于申请事由，共同对使用印章的后果承担一切责任。

6. 以公司名义签订的合同、协议、订单、介绍信、委托书、担保函等，经专门合同文书审批流程，经部门负责人、法律顾问审核，经公司总经理批准后方可盖章。注意，用印单位名称须与印章一致，用印位置要恰当，盖章印记要清晰。

7. 公司员工申请在收入证明、工作证明等文件盖章的，经总经理审批后由行政部负责办理。

8. 印章管理员不得在当事人或委托人所持的空白格式化文件上加盖印章。用章文书须填写完毕，字迹须清晰。

9.已解除或终止劳动关系人员要求出示相关证明的，须持有效证明材料，按申请审批制度经总经理审批后方可盖章。

（三）印章的保管

1.有关印章保管的各种事项必须有记录，记录事项包括印章名称、枚数、收到日期、启用日期、领取人、保管人、批准人、图样等。

2.印章保管须安全无误，应上锁存放，印章不得私自委托他人代管。

3.印章管理员变更工作岗位时须向总经理上交印章，或者与总经理指定的新印章管理员办理交接印章手续，以免贻误工作。

4.非印章管理人员使用印章盖章与印章管理人员承担同等的责任。

5.印章应及时维护，确保印章完好、印记清晰。

6.印章若遗失、被盗用、被偷换，应保护现场，印章管理员须及时向行政部和总经理报告，并登记备案，配合调查。涉及刑事犯罪的，须及时向公安机关报案处理。

五、公司印章的停用

（一）有下列情况的，印章须停用。

1.印章名称变动。

2.印章损坏。

3.印章遗失，声明作废。

（二）印章停用时须经总经理批准，及时将停用印章送行政部封存或销毁，建立印章上交、存档、销毁的登记档案。

六、印章违规使用的处理办法

1.公司员工违反印章刻制、保管、使用规定，依照员工手册及公司管理制度，视情节和后果追究责任人的民事、行政、刑事责任。

2.印章管理员因使用公章不当给公司造成损失的，依照员工手册及公司管理制度，视情节和后果追究其责任。非印章管理人员违反公司印章管理制度，不当使用印章的，一经发现，应与印章管理员承担同等的责任。

七、附则

1.本制度作为公司管理制度，经过公司相关程序审议通过后由总经理签署，向全体员工公示之后正式实施。

2.本制度由公司行政部负责解释。

细节45：印章的使用

（一）建立印章使用台账

组织应设立印章使用台账（见表8-3），制定印章使用申请表。申请使用印章的部门须履行审批程序，获得行政部和相关领导批准。经相关领导批准后，印章使用部门应填写印章使用登记表，印章保管人员要认真审核用印文件与申请用印内容、用印次数是否一致，然后才能在用印文件上用印。

印章保管人员须亲自用印，不能让他人代为用印，而且不能让印章离开自己的视线。

表8-3　印章使用台账

序号	印章名称	印章种类	保管部门	保管人签字	移交人、监交人签字	领出时间	退回人签字	退回时间	接收人、监交人签字	备注

（二）禁止在空白介绍信、纸张、单据等空白文件上盖公章

如遇特殊情况确需在空白介绍信、纸张、单据等空白文件上盖公章，须经核心管理者同意，而且公章使用人须在印章使用登记表（见表8-4）上写明文件份数，在文件内容实施后，应再次进行核准登记。公章使用人因故不再使用预先盖章的空白文件、资料时，应将文件、资料退回行政部，并办理登记手续。在使用预先盖章的空白文件、资料的过程中，公章使用人应承担相应的责任。

表8-4　印章使用登记表

印章编号	印章类别	印章数量	使用人	使用部门	使用日期	批准人	监印人及代行人签字	备注

（三）印章外带要严谨

严禁将公章、合同专用章、法定代表人名章独立带离组织使用。印章保管人如遇需带章外出办事的情况，须由借章经办人在行政部的印章借出登记表（见表8-5）上登记，填写借章时间、借章人、事由等，由相关领导审批签字后方可借出印章。在印章借出期间，须由一人以上随同监印，并于规定时间内将印章归还至行政部。办理工商年检等事务时，须将表格带回单位盖章。

表 8-5　印章借出登记表

所借印章名称	借出时间	归还时间	备注
	年　月　日　时　分	年　月　日　时　分	
借章事由			
经办人签字		领导审批	

小提示

高层领导因异地执行重大项目或完成重要业务，确需携带印章出差的，须经董事长或总经理审批并及时归还。

（四）必须定期检查印章使用情况

行政部应按照印章管理制度组织相关部门对印章使用情况进行检查，发现问题须及时采取相应措施。

细节46：电子印章的管理

自《中华人民共和国电子签名法》实施后，电子印章（签名）就具有了合法地位。

所谓电子印章，并不是实体印章的图像化，而是数据电文中以电子形式所含、所附用于识别签名人身份并表明签名人认可其中内容的数据。通俗地说，电子印章就是一个能够识别出具体盖章人的电子数据密钥。

（一）电子印章的使用场景

近年来随着政府大力倡导无纸化办公，电子印章逐渐被大多数人所接受。电子印章常用于移动互联网客户端签约场景中，实际上企业与企业之间的签约、合同类盖印极少用到电子印章。在真实的企业签约场景中，即使双方都盖了电子印章，往往还会加盖一份纸质合同存档。电子印章应提前办好备用，以防对方（尤其是甲方）要盖电子印章时又临时急匆匆去办。现在越来越多的组织开始重视"物电一体化"（"物理印章+电子印章"双管控方式），正在逐步实现组织内部物理签约、电子印章的统一化和智能化管理。

（二）电子印章的保管

电子印章与实体印章具有同等的法律效力，电子印章管理与实体印章管理相似。电子印章的持有人或保管人应当妥善保管电子印章。电子印章的保护口令须严格保密，由持有人或保管人定期修改。

> **小提示**　　发生名称变更、法定代表人或经营者变更等情形的，应申请要求申请换领电子印章，原有电子印章将予以注销。

（三）电子印章管理注意事项

电子印章一经公安机关备案，并有合格的密钥作为保密手段，便等同于实物印章，用途与实物印章一样，只不过电子印章用在网络上，实物印章用在现实中。电子印章管理注意事项如图 8-3 所示。

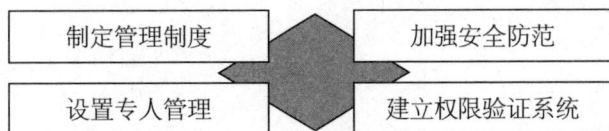

制定管理制度		加强安全防范
设置专人管理		建立权限验证系统

图 8-3　电子印章管理注意事项

1. 制定管理制度

根据电子印章使用流程制定相关制度，参照实物印章的管理办法制定电子印章的管理办法，使电子印章的使用规范化。用章首先要得到主管领导批准，再将存储有电子印章的介质插入计算机的相关接口，启动电子印章客户端，读取需要加盖印章的电子文书，找到电子文书中需要盖章的地方，单击菜单中的"盖章"键，按照系统提示输入验证码，输入正确就会盖上印章。

2. 设置专人管理

电子印章管理员要掌握一定的计算机和网络知识。电子印章管理员要严守规章制度和纪律，尤其是用章规定，要严格按照管理办法用章；同时应具有与业务要求相符的专业知识，在接受相关培训后能按照用章流程使用电子印章。

3. 加强安全防范

电子印章和密钥同时具备才能盖章，所以电了印章和密钥要分离保管。电子印章一般保存在存储介质中，电子印章存储介质一般保存在保险柜中，由专人管理；密钥则一般是密码程序。两者要分开存放，以防范风险。

4. 建立权限验证系统

电子印章启用后要设置使用权限，根据相关规范划分四个角色，即平台管理员、系统管理员、印章管理员、印章使用人，为不同的角色设置不同的权限，从而实现对印章使用的实时监控。行政部可以分别对不同的角色进行授权和权限变更。在使用电子印章或查阅电子文书时，须对电子文书的印章进行验证，确保电子印章的使用合法合规。

环节 9　办公环境管理

安全、整洁、舒适的办公环境，不仅可以帮助组织树立良好的对外形象，也可以确保职工身心健康，促进工作效率与工作质量的提升。因此，做好办公环境管理是很有必要的。

办公环境管理要点如图 9-1 所示。

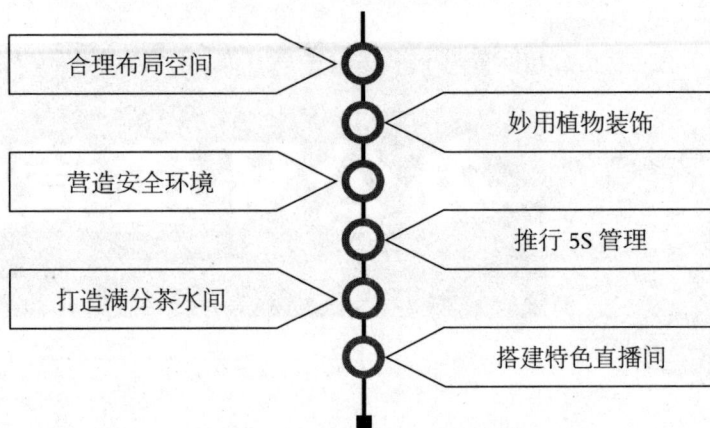

图 9-1　办公环境管理要点

细节47：合理布局空间

要想打造一个和谐舒适的办公环境，合理规划布局是第一步。不合理的空间设计会对办公效率产生负面影响，如通道过长造成行动不便、会议空间过小导致内部沟通不畅等。好的空间布局，不仅能充分利用空间，避免浪费，还能提升职工的办公体验，促进内部的交流协作，提高工作效率。

合理布局空间的要点如图 9-2 所示。

图 9-2　合理布局空间的要点

（一）明确区域功能

明确各功能区的划分及特点，厘清需求之后方可进行布局设计。功能区主要包括前台、办公区、会议室和休闲区等。

1. 前台

前台是组织的门面，是给访客留下第一印象的地方，同时也是组织重要的展示区域，所以一定要简洁大气，避免杂乱昏暗。需要注意的是，前台的面积一定要与整个办公空间的面积相协调，不能为了追求豪华的大前台而忽略整体性，也不能因前台面积过于狭小而影响组织形象。

前台还要承载接待访客、招聘面试等功能，因此可设置沙发或卡座，以便沟通洽谈。

某公司前台如图 9-3 所示。

图 9-3　某公司前台

2. 办公区

办公区根据不同的需要一般可分为开放办公区、封闭办公区和单间办公室三类。

（1）开放办公区

办公区以开放式的布局为主，尤其是在一些扁平化管理的组织，这样的设计让人与人之间的沟通合作更加方便。但在设计时要注意人均使用面积不能过小，并且动线设计要适应职工的活动规律，最大限度地保证效率和舒适性。

某公司开放办公区如图 9-4 所示。

图 9-4　某公司开放办公区

（2）封闭办公区

封闭办公区一般是为财务、法务部门预留的，这类部门对隐蔽性与安全性的要求较高。由于很可能涉及账目、合同和印章等，封闭办公区通常不会在非常显眼的地方，必要时还可设置一些安全保险设施。

（3）单间办公室

单间办公室是指部门领导、总经理、首席执行官、董事长等管理层的办公室。在设计时，可根据管理人员的级别、访问人数等因素确定面积及风格，并根据需求配置秘书间、会客间、卫生间、专用会议室等。

某公司总经理办公室如图 9-5 所示。

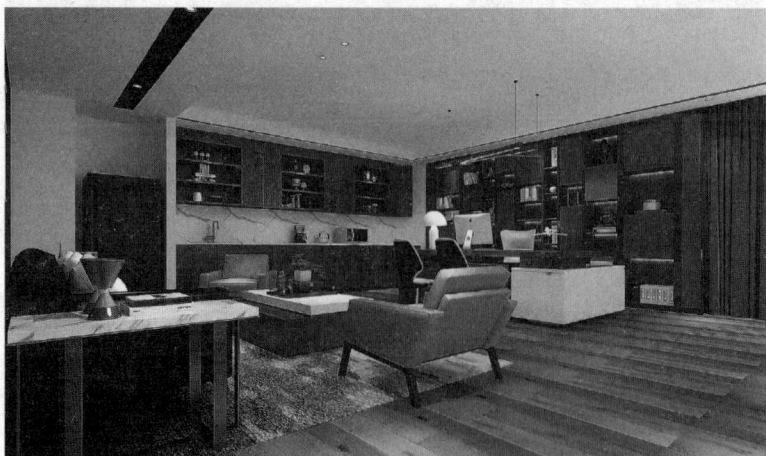

图 9-5　某公司总经理办公室

3. 会议室

会议室的数量和大小取决于组织的人员数量和会议需求，一般有大、中、小等多种规格。会议室可根据不同的用途配备相应的设施。例如，临时讨论间只需桌椅、白板；中、大型会议室则要配备投影仪、摄像头、话筒等，以满足远程会议需求。

某公司会议室如图 9-6 所示。

图 9-6　某公司会议室

4. 休闲区

休闲区是让职工放松身心的区域。某公司茶水间如图 9-7 所示。

比如，有的组织觉得茶水间就是休闲区，能够满足职工用餐、休息的需求即可。这类休闲区可靠近办公区，以便职工使用，吧台、沙发也可作为临时讨论区。

图 9-7　某公司茶水间

也有组织认为，除了茶水间，游戏室、健身房、影音室、读书角等区域也算休闲区。这类区域要远离办公区，这样才能让职工暂时卸下工作的紧张感，并彰显组织的人文关怀。

（二）合理规划布局

明确各功能区后，就可以着手布局了。布局的原则如图9-8所示。

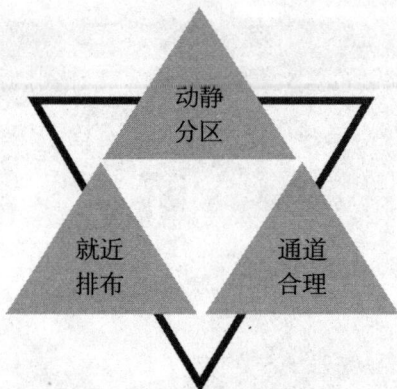

动静
分区

就近
排布

通道
合理

图9-8　布局的原则

1. 动静分区

所谓动静分区，就是根据不同部门的工作属性和习惯，安排各部门工作区位置，使部门之间的干扰最小化。

比如，销售部、市场部人员经常出入办公室，应安排在靠门的位置，以便其进出办公室；编辑部、美工部人员需要安静的环境，可以安排在办公室内部，以防人员进出声音打扰其创作；财务部尽量安排在较为私密的位置，因为这是关键部门；总经理办公室可以安排在能观察全局的位置。

2. 就近排布

对于一些公用区域，如饮水区、文印区、会议室等，要遵循就近原则，保证每个公用区域都能辐射到整个办公空间。这样就能避免职工在使用共享资源时造成混乱，或者某个功能区因位置问题而经常闲置。

3. 通道合理

办公空间的通道尽可能设置为直道，流畅的动线能大大提升体验。弯弯曲曲的通道不仅浪费空间，而且容易造成行走不便。

通道还是一个很好的展示组织文化的地方，可设置文化墙，用于展示大事记、奖项荣誉、职工风采等，以加深职工对组织的了解。

（三）注意细节搭配

除了区域划分和布局原则，一些细节的搭配也是影响办公体验的重要因素，如灯光和色彩。

1. 灯光明亮自然

很多人都认为，室内照明只要够亮就可以了，其实不然，光所营造的氛围不同，人的感受也是不同的。灯光过亮或过暗都会影响正常办公。灯光设计要点如图 9-9 所示。

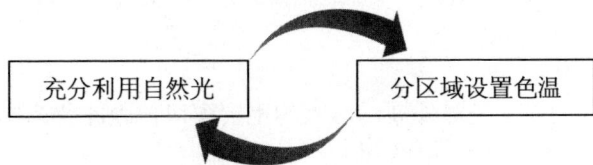

充分利用自然光　　分区域设置色温

图 9-9　灯光设计要点

（1）充分利用自然光

自然光照明是最适合人类活动的照明方式，所以在室内要尽可能利用或模拟自然光。可以根据办公室朝向，人为地在自然光弱的地方补充光源，将人工照明与天然采光结合，形成舒适的照明环境。

（2）分区域设置色温

根据不同区域的功能设置不同的色温，通过灯光的区别进一步强化不同区域的功能。

比如，办公区的色温一般为 5 000 ～ 6 000 开尔文，明亮的光线有助于职工集中注意力，提高工作效率；休闲区的色温一般为 4 000 ～ 5 000 开尔文，柔和的灯光可以营造轻松、愉悦的环境，让职工得到休息。

2. 色彩搭配和谐

可根据组织性质、标识、知识产权（Intellectual Property，IP）等进行色彩搭配，整体色调应和谐。

办公室一般选用浅色系，可让办公室显得更开阔，再搭配跳色墙面，可增强办公室的设计感。但颜色种类不宜太多，否则会显得空间杂乱。

也有一些组织乐于尝试不同的颜色搭配，彰显年轻人的朝气和活力。合理运用多样化的颜色可以让空间氛围显得更加活泼。

> 合理的办公空间布局，不仅有助于维护良好的办公秩序，还能让身在其中的人得到放松，以最好的状态投入工作。

小提示

细节48：妙用植物装饰

除了装修，植物装饰也是打造办公环境的有效方法之一。植物虽小，搭配好了也能让空间看起来焕然一新。当然，不同空间选择的植物是不一样的。

（一）前台

前台是组织的门面，是对外展示形象的重要窗口，因此要选择合适的鲜花、绿植摆设。

前台可以摆放多肉植物或洋牡丹、兔葵、白玫瑰等颜色浅、没有特殊味道的植物。

首先，在色调和造型上，植物要贴合前台空间的整体风格。其次，色调上宜选择白绿色、白粉色系植物，可给人清新舒适的感觉。另外，选择花束时应注意避免百合等香味浓郁的类型，一方面是防止访客对花香过敏，另一方面是过于浓郁的香味也与办公场所的气氛不搭。

（二）办公区、会议室

办公区、会议室可以摆放小型植物，不仅可以净化空气，还能帮助职工缓解工作疲劳。

（1）可在办公桌、办公区角落等地摆放绿萝、常春藤、吊兰、虎皮兰等。好养活的万年青也是平价又好看的桌面摆设之一。

（2）办公区墙角处可摆放天堂鸟、橡皮树、巴西木、棕竹、散尾葵等。

（3）阔叶盆栽中，天堂鸟比较百搭，其有纤长的枝干和厚实的叶片，整体的形状优雅疏阔不散漫，与会议室的气氛很匹配。

（4）橡皮树拥有皮革一般油亮的叶片和笔直的枝干，颜色和形态上都有一种稳重、刚毅的感觉，很适合摆放在领导办公室。

> 如果空间不够大，不建议摆放散尾葵、龟背竹这种叶片大、延展性强的植物。

小提示

（三）茶水间

茶水间里可以放置颜色比较鲜艳的花束，如小雏菊、向日葵等，有利于营造轻松的氛围；还可以悬挂空气凤梨、吊兰、珍珠吊兰等，容易让人觉得放松、宁静。

（四）会客室、洽谈室

会客室、洽谈室一般有较大的空间，气氛相对放松，氛围类似于客厅。

桌面可以放置绿萝、马醉木作为点缀，为空间增色。沙发边上或角落里可以放琴叶榕、龟背竹、散尾葵等体积相对大但叶子不易散开垂落的植物，显得美观又大方。

（五）卫生间

卫生间湿气比较重，适合放喜水的植物，如金边富贵竹、吉祥草、菖蒲等。

另外，卫生间光照不足，适合放一些喜阴的植物。若植物本身能散发出一些清香，就更好了。像黄金葛这样需要经常换水的植物，放在洗手台上十分合适，洗手时可顺便给它加点水。

细节49：营造安全环境

为全体职工营造健康、安全的办公环境是行政部的工作内容之一。

（一）办公环境的危险源

一般情况下，可将办公区通用危险源分为以下几类。

（1）日常办公危险源。办公室的办公设备非常多，工位安排不当、办公设备使用不当或管理不当很容易造成安全隐患。

比如，计算机辐射、复印机墨粉漏出、剪刀、碎纸机、空调故障、饮水机热水、用水清洁地面后大面积积水、拉开的抽屉或办公桌顶角、搬运办公桌椅或文件柜等重物时挤压手或脚、桌椅损坏等都是危险源。

（2）办公用电危险源。办公室内的用电异常，不仅会造成电费快速上涨，还会带来安全隐患。

比如，电线老化裸露、液体浸入插座、乱拉电源线、一个插座插太多电器等都是危险源。

（3）环境安全危险源。办公现场糟糕的 5S 管理及不注意环境安全隐患，往往会导致人员滑倒、绊倒受伤等事故发生。

比如，地面有积水油污，职工不小心滑倒；电源线、网线等跨越过道，地面插座没有及时收起，职工绊倒；人员撞到透明玻璃门摔倒；办公园区机动车辆行驶速度过快导致车辆撞击，伤及职工。

（二）采取控制措施

控制措施有很多种，但一般都要遵循危险源控制原则，即优先采取消除危险源的措施，然后采取降低风险的措施。安全控制措施可分为以下几类。

（1）个人防护

做好安全标识、安全通知、日常安全提示等工作。

比如，提示怀孕职工穿着防辐射服，职工工位远离打印机，增加雾霾天的口罩福利等。

（2）行政日常服务运营

① 公示紧急逃生出口和线路，绘制逃生路线及单位场所平面图，做日常的安全宣传时向职工传达消防安全信息。

② 定期检查计算机、插线板、开关、桌椅等。如果发现老化、电线裸露、散热不佳等情况，须及时处理。

③ 智能电器应设成省电模式，可使其不用时自动进入休眠状态，降低能耗和发热量；也可以升级硬件，用智能开关统一控制。最后一个离开办公室的人要注意及时关闭办公室所有设备的电源，以免深夜用电负荷减小、电压升高，电器薄弱元件被击穿，引起火灾。

④ 在存在安全隐患的地点（如玻璃门、碎纸机处、饮水机处、楼梯附近等）张贴提示标识。及时清理地面上的水渍，设置警示标识，尤其是光滑的大理石地面及瓷砖地面。同时，也要考虑铺设符合耐火条件的地毯等。

（3）相关第三方

联系与组织息息相关的第三方（如保洁、物业安保、食堂等），与其做好安全协调。

比如，签订安全协议、共同规划应急预案、不定期举办安全演习等。

细节50：推行5S管理

5S 管理在塑造组织形象、降低成本、准时交货、确保安全生产、推行标准化、创造令人心旷神怡的工作场所、现场改善等方面可发挥巨大的作用。

（一）5S 管理的应用范围

5S 管理主要应用于制造业、服务业等，用于改善现场环境和员工的工作方法，能使组织有效地迈向全面质量管理。

目前，5S 管理也逐渐被应用到办公环境的改善上。

（二）5S 管理的内容

"5S"意为整理（Seiri）、整顿（Seiton）、清扫（Seiso）、清洁（Seiketsu）和素养（Shitsuke）。以整理、整顿、清扫、清洁和素养为内容的活动被称为 5S 活动。5S 管理过程如图 9-10 所示。

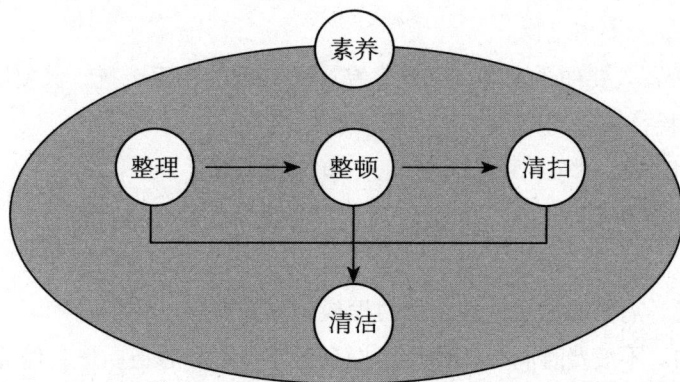

图 9-10　5S 管理过程

5S 管理是各项管理的基础，有助于消除在生产过程中可能面临的各类不良现象。在推行 5S 管理的过程中，要通过开展整理、整顿、清扫等基本活动，实现制度性的清洁，最终提高职工的素养。因此，5S 管理的作用是基础性的，也是不可估量的。

1. 整理

（1）定义。区分需要与不需要的物品，现场只保留需要的物品，根据使用频率安排不同物品的摆放位置。

（2）目的。

① 改善工作环境，增加工作面积。

② 现场无杂物，行道通畅，提高工作效率。

③ 减少磕碰的机会，保障安全，提高质量。

④ 消除混放等差错，以便查找。

⑤ 减少库存量，节约资金。

⑥ 改变作风，改善工作情绪。

（3）做法。把需要与不需要的物品区分开，再对不需要的物品加以处理（注意密级文件按有关制度处理）。

（4）要点。

① 设置公共资料柜，将大家都需要的资料存放于此并按业务分类，由专人负责资料借阅登记管理。

② 对办公现场的各种物品进行分类，区分什么是现场需要的、什么是现场不需要的。

③ 对办公室里各个工位或设备前后、通道左右及办公室的各个死角进行彻底的清理，达到现场无不用之物。

④ 工位设置既要便于走动、采光，减少不必要的相互干扰，又要安排紧凑、节约空间，留出接待访客的空间。

⑤ 尽可能布置一些环保、养护方便、美观的花草。

⑥ 墙面布置也要本着便于看板管理、赏心悦目的原则进行设计。

2. 整顿

（1）定义。需要的物品依规定定位摆放，整齐有序，标识明确。

（2）目的。不浪费时间寻找物品，提高工作效率和服务质量，保障安全。

（3）做法。将需要的物品定量、定位。整理后，对现场需要的物品进行科学合理的布置和摆放，以便能以最快的速度取得所需之物，在最有效的规章制度和最简洁的流程下完成作业。

（4）要点。

① 物品摆放要有固定的地点和区域，以便查找，消除因混放而造成的差错。

② 物品摆放地点要科学合理。

比如，根据物品的使用频率，将经常使用的东西放得近些，将偶尔使用或不常使用的东西放得远些。

③ 物品摆放可视化。定量装载的物品应做到过目知数，摆放不同物品的区域可采用不同的色彩和标记加以区别。

比如，钥匙有很多把，要想快速找到所需钥匙，就要做标识或按类分组；再如，文件、资料、报告、报纸、杂志等要分类摆放，并按重要程度、使用频率区别摆放，按年度建立文档目录。又如，电源、设备线路等要由专业人员按规范布置，所有相关人员应掌握设备、电源等的安全使用知识，最后一个离开办公室的人要关闭所有电源、门窗等。

3. 清扫

（1）定义。清除现场的脏污，清除作业区域的废弃物品及垃圾。

（2）目的。清除脏污，保持现场干净、明亮，使人心情愉悦。

（3）做法。去除工作场所污垢，定期按规定处理不需要的杂物、文档等。

（4）要点。

① 自己使用的物品（如设备、工具等）要自己清扫，不要依赖他人。

② 使用公共设备要注意操作规范，由专人负责保养。

③ 清扫也是为了改善。除了要清扫自己的办公桌及设备，也要自觉地维护公共环境。对于面积不大的办公室，所有人都应承担公共区域的清扫工作；对于办公面积较大的开放式办公环境，可安排专门的保洁人员清扫，但每个人都要保管好自己的文档资料及物品。

4. 清洁

（1）定义。将整理、整顿、清扫实施的做法制度化、规范化，维持其成果。

（2）目的。认真维护整理、整顿、清扫的效果，保持最佳状态。

（3）做法。通过坚持与深入整理、整顿、清扫活动，消除安全事故的根源，创造一个良好的工作环境，使职工能愉快地工作，提高工作效率，保障工作质量。

（4）要点。

① 办公环境不仅要整齐，而且要清洁卫生，保证职工身心健康，提高职工工作热情。

② 不仅物品要清洁，职工本身也要清洁，如衣服要清洁，仪表要整洁，及时理发、剃须、修剪指甲、洗澡等。

③ 职工不仅要做到形体上的清洁，还要做到精神上的"清洁"，待人要有礼貌、要尊重别人。

④ 要使环境不受污染，进一步净化浑浊的空气，减少粉尘、噪声和其他污染源，预防职业病。

5. 素养

（1）定义。人人按章操作、依规行事，养成良好的习惯，每个人都成为有素养的人。

（2）目的。提升人的品质，培养对任何工作都认真的人。

（3）做法。努力提高人员的自身修养，使人员养成严格遵守规章制度的习惯和作风，这是 5S 活动的核心。

（4）要点。

①明确要求，每个人都知道应该怎么干。

②要示范，有标杆，有榜样。

③要有检查，有制度，有要求。

④要持之以恒，坚持不懈。

（三）5S 管理的实施

1. 确定责任区和相应责任人

根据办公区整体布局，按照办公功能进行区域划分，给划分好的各个区域做好标识，确定每个责任区的相应责任人，做到"任务到区，责任到人"。

2. 整理和整顿

在该阶段，所有职工必须对所属区域的所有物品进行彻底的整理和整顿。

在整理阶段，先对工作场所进行全面检查，接着区分必需品和非必需品，清理不经常使用的物品，再根据使用频率决定必需品的管理办法。

在整顿阶段，对于整理后留在工作现场的物品，按照便于使用的原则分门别类地放置，定点、定位摆放，明确数量，做相应标识。

3. 清扫和清洁

在整理和整顿的基础上清扫，使整个办公环境处于整洁且随时可用的状态，主要活动包括扫除一切垃圾和灰尘。职工要亲力亲为，及时解决清扫中发现的问题，同时查明污垢的源头。

清洁表现的是一种状态和结果，是前期所有活动的外在呈现。清洁就是认真做好前面的 3S 并持续保持，所以清洁的核心就是将 3S 制度化和规范化，并贯彻执行。

4. 素养形成

这一阶段是 5S 管理的最后一个阶段，也是要求最高的阶段。职工要自觉遵守各类规章制度，创造舒适有序的工作环境。更重要的是，在遵守规则的过程中，不断发现不足并加以完善，这样才能避免产生惰性，坚持到底。

5. 制定检查和考核标准

综合征求各个部门的意见，制定 5S 活动检查标准，根据检查标准制定对各个部门的考核标准。5S 评分查核表如表 9-1 所示。

表 9-1　5S 评分查核表

项目	内容	标准	分值	被考核部门实际得分				
				办公室	研发部	制造部	品检室	仓库
整理	通道	通畅、整洁	4					
	作业区域	整洁、有序、无异物	4					
	作业台	摆放有序、整洁	4					
	现场材料、工具	只存放即时用料和工作时需用的工具，且摆放整齐	4					
	物料放置、周转区	规范合理、摆放整齐、整洁、保养良好	4					
整顿	设备、仪器	布局合理、摆放整齐、整洁、保养良好	4					
	量具、模具	分类摆放，取用方便，只摆放随时所需的	4					
	零件	摆放符合要求，标识清楚，及时隔离不良品	4					
	图纸、文件资料	摆放整齐、位置合理，取用方便，只摆放工作时所需的	4					
	物品标识	所有物品标识清晰、可追溯	4					
清扫	作业现场（含通道）	定期打扫，随时保持清洁	4					
	作业台	随时整理，保持干净整洁	4					
	设备、工具、仪器	随时整理，保持干净整洁	4					
	门、窗、墙壁	定期打扫，保持清洁	4					
	洗手池、洗手间	定期打扫，保持清洁	4					
清洁	作业区域（含通道）	保持清洁，符合卫生要求	4					
	作业台	保持清洁，符合卫生要求	4					
	图纸、文件资料	保持清洁，无油污	4					
	饮水区（开水区）	饮具整洁，符合卫生要求	4					
	洗手池、洗手间	保持清洁，符合卫生要求	4					

（续表）

项目	内容	标准	分值	被考核部门实际得分				
				办公室	研发部	制造部	品检室	仓库
素养	5S 运动	积极参与和推行	4					
	仪表	着装符合要求，精神饱满	4					
	行为	文明、有教养、注重合作与团队精神	4					
	纪律	遵守规章制度，服从安排	4					
	观念	争当先进，不断进取，勇于创新	4					
合计			100					

6. 全面检查和考核

根据前期制定的检查标准对活动结果进行全面检查，检查过程中要深入了解实际情况。问题严重的，要认真督促相关人员及时改善。要将每次的检查结果告知区域负责人，同时利用考核标准在不同区域之间形成竞争机制。

7. 职工信息反馈

在做好日常检查工作，通过问卷调查、座谈会等方式搜集职工的建议和意见，使 5S 活动得到进一步的改善。

8. 活动深化

推动 5S 活动实现从形式化到行事化再到习惯化的转变，通过强制规范职工的行为改变职工的工作态度，使之习惯化。同时，开展一系列活动，增强职工的荣誉感，如 5S 先进个人评选、5S 征文活动等。

9. 5S 活动总结

对 5S 活动中取得的成果进行总结，及时解决新问题，在活动中不断检查、不断改进。将 5S 活动的经验形成文档，以便 5S 管理的持续开展。

细节51：打造满分茶水间

一个满分的茶水间，不仅是职工交流、放松身心的绝佳场所，还是组织文化建设与员工关怀的载体。对此，行政部可从以下几个方面来打造一个满分的茶水间。

（一）位置选择

茶水间应选在远离核心办公区的位置，一方面是为了避免工作区与休闲区相互影响，另一方面是为了职工身体健康，茶水间远离办公区可以让人多走几步，避免久坐带来的职业病危害。

茶水间应设置在有上下水的位置，便于安装冲洗池，方便职工洗漱茶杯、排放废水等。

（二）装修风格

打造茶水间是为了让大家在紧张的工作之余喝茶聊天、放松心情。基于此目的，茶水间的风格应轻松明快、温馨舒适。

装修宜采用简洁的线条与颜色，通常会摆放一些绿植点缀，使空间多一些生活气息，增加空间的生机与活力。

（三）面积大小

茶水间的面积依据办公区的大小而定，一般面积在 10 平方米左右，这个面积足以实现茶水间的基本配置。

若茶水间空间较小，可考虑做成吧台形式，在不影响功能的前提下，可以放置更多的座位。

（四）软装与装饰

理想的茶水间应该是"麻雀虽小，五脏俱全"，应该有吧台、饮水机、茶几、茶水柜、咖啡机、沙发、微波炉、冰箱、桌椅等。这样不但能够满足吃饭、喝茶、聊天、讨论的需要，甚至能够用于临时接待。

此外，有趣的墙面装饰可以给茶水间大大地加分，团建照片、活动照片、好看的字画、可爱的提示语等都有助于营造温馨轻松的环境，还可以增强职工的凝聚力。

茶水间设计如图 9-11 所示。

图 9-11　茶水间设计

细节52：搭建特色直播间

直播带货已经成为线上销售的主要方式之一。搭建符合品牌调性又符合当下潮流趋势的直播间已经成为很多组织的选择，也成了行政工作的内容之一。那么，应该如何搭建特色直播间呢？一般可以从以下几个方面着手。

（一）空间规划

确定直播类型之后才可以确定直播间面积并进行功能区划分。直播可分为实体展示直播和线上内容直播两类。

1. 实体展示直播

实体展示直播最常见的就是电商直播，可以根据产品类型来决定直播间的面积。

通常美妆、服装、美食、珠宝类直播间的面积可控制在 8 ～ 20 平方米。个人主播场地标准为 8 ～ 15 平方米，团队直播场地标准为 20 ～ 40 平方米。如果是美妆类直播，8 平方米的小场地即可；如果是服装类直播，可选择 15 平方米以上的场地；而家电、家具类直播可以选择 50 ～ 100 平方米甚至更大的空间。

功能区一般分为直播区域、样品区域、控制区域（灯光、后端计算机等）、后台工作人员区域，以及化妆休息区。

如果在同一场直播中需要展示不同大小的产品，也可以设置两个或更多的直播区域，采用多机位切换的方式直播。有时需要做访谈型的直播，如专场招聘对谈等，可根据到场人数确定直播场地面积，面积一般为 20 ～ 50 平方米。

2. 线上内容直播

线上内容直播包括游戏直播、教育直播等，主要直播内容可以通过投屏直接展现。若直播人数仅为 1 ～ 2 人，可以直接选用专业的直播舱，占地面积为 3 ～ 5 平方米。若参与人数较多，如游戏赛事等，则需要更大的空间，面积可根据人数确定。

线上内容直播功能区划分与实体展示直播基本相同，主要分为直播区域、控制区域（灯光、后端计算机等）、后台工作人员区域，以及化妆休息区。

（二）风格设计

直播间可以反映组织的形象与气质，所以做风格设计时除了要考虑直播需求，还要考虑如何正确诠释品牌形象和不断发展演变的品牌理念。每一场直播其实都是对组织形象的展示。

直播间风格设计要点如图 9-12 所示。

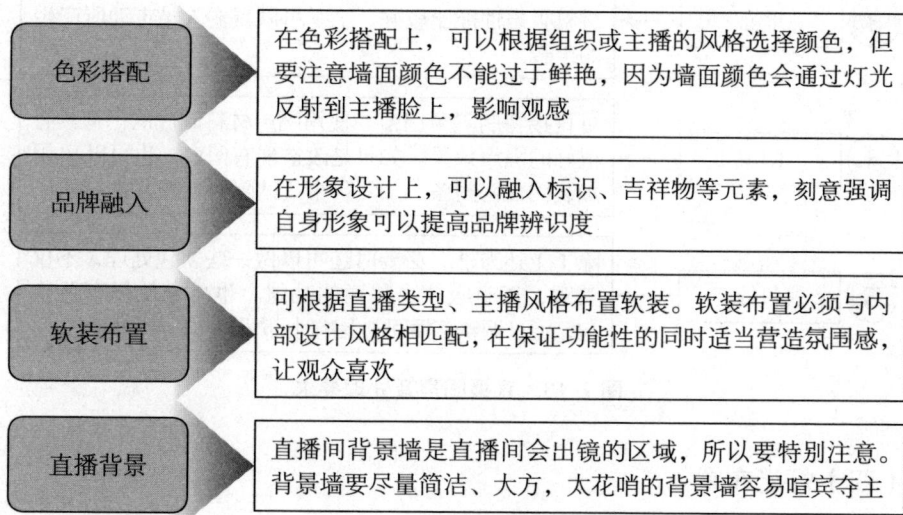

色彩搭配	在色彩搭配上，可以根据组织或主播的风格选择颜色，但要注意墙面颜色不能过于鲜艳，因为墙面颜色会通过灯光反射到主播脸上，影响观感
品牌融入	在形象设计上，可以融入标识、吉祥物等元素，刻意强调自身形象可以提高品牌辨识度
软装布置	可根据直播类型、主播风格布置软装。软装布置必须与内部设计风格相匹配，在保证功能性的同时适当营造氛围感，让观众喜欢
直播背景	直播间背景墙是直播间会出镜的区域，所以要特别注意。背景墙要尽量简洁、大方，太花哨的背景墙容易喧宾夺主

图 9-12 直播间风格设计要点

直播间背景墙的材料可以选择墙纸、墙布或窗帘布等。一些知识分享类直播需要将 PPT 展示与主播讲解融合，装修时可将绿幕作为背景，再通过后期增加虚拟背景。对于不同的直播主题，可选择相应的背景装饰。

（三）声音处理

要注意改造直播间的声音环境，墙面、顶面、地面及门窗等区域可铺设吸声、隔声材料，以保证最佳的声音效果。直播间声音处理要求如图 9-13 所示。

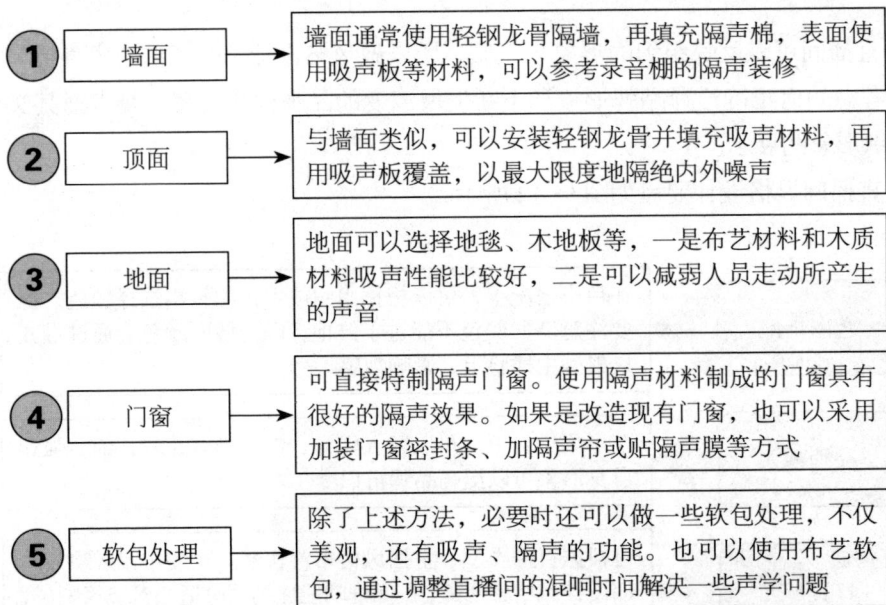

1	墙面	墙面通常使用轻钢龙骨隔墙，再填充隔声棉，表面使用吸声板等材料，可以参考录音棚的隔声装修
2	顶面	与墙面类似，可以安装轻钢龙骨并填充吸声材料，再用吸声板覆盖，以最大限度地隔绝内外噪声
3	地面	地面可以选择地毯、木地板等，一是布艺材料和木质材料吸声性能比较好，二是可以减弱人员走动所产生的声音
4	门窗	可直接特制隔声门窗。使用隔声材料制成的门窗具有很好的隔声效果。如果是改造现有门窗，也可以采用加装门窗密封条、加隔声帘或贴隔声膜等方式
5	软包处理	除了上述方法，必要时还可以做一些软包处理，不仅美观，还有吸声、隔声的功能。也可以使用布艺软包，通过调整直播间的混响时间解决一些声学问题

图 9-13　直播间声音处理要求

（四）灯光布置

要想打造一个出色的直播间，除了适当的装饰和合理的规划，最重要的工作之一就是布光。为什么有的主播皮肤看上去白皙透亮，而有的主播皮肤看上去暗淡无光呢？这些都是由布光造成的。例如，暖光会给人一种温暖舒适的感觉，而冷光会给人一种清冷的感觉。

1. 直播间光源的分类

直播间光源主要分为表 9-2 所示的几类。

表 9-2　直播间光源的分类

光源分类	作用
主光	映射外貌和形态的主要光线，承担着主要照明的作用，可以使主播面部匀称受光，是灯光美颜的基础
顶光	顶光是次于主光的光源，从头顶位置照射，给背景和地面增加照明，同时可加强瘦脸效果
辅助光	辅助主光的灯光，可增强主播立体感，起到突出侧面轮廓的作用
轮廓光	又称逆光，从主播的身后照射，勾勒出主播轮廓，可以起到突出主体的作用
背景光	又称环境光，主要作为背景照明，使直播间的各处照度尽可能统一，起到平衡室内光线的作用。但要注意，背景光的设置要尽可能简单，切忌喧宾夺主

灯光布置示意如图 9-14 所示。

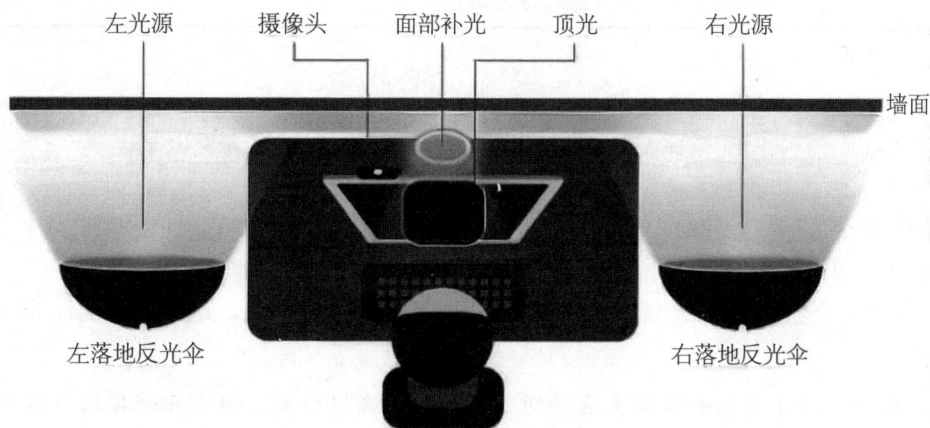

图 9-14　灯光布置示意

2. 直播间光源的布置

角度、搭配不同的灯光可以创造不同的光影效果。直播间光源的布置如表 9-3 所示。

表 9-3　直播间光源的布置

分类	布置说明
主光	应放置在主播的正面，与摄像头上的镜头光轴形成 0 ～ 15 度的夹角。从这个方向照射的光充足均匀，可使主播面部看起来更柔和，起到磨皮美白的效果。主光的缺点是从正面照射时没有阴影，整个画面看上去缺乏层次感
顶光	从主播头顶照下来的光线，可产生浓重的投影感，有利于轮廓造型的塑造，起到瘦脸的作用。注意，顶光距离主播不宜超过 2 米。顶光的优点有很多，其缺点是容易在眼睛和鼻子下方形成阴影
辅助光	在主播左前方 45 度照射的辅助光可以使主播面部轮廓产生阴影，打造立体感。从主播右后方 45 度照射的辅助光可以使主播后面一侧的轮廓被打亮，与前侧光产生强烈反差，更利于打造主播整体造型的立体感和质感。要注意调节，避免光线太亮使主播面部出现过度曝光或太暗的情况
轮廓光	设置在主播身后的位置，形成逆光效果。从背后照射出的光线，不仅可以使主播的轮廓分明，还可以将主播从直播间背景中分离出来，突出主体。布置轮廓光时一定要注意亮度调节，光线过亮会使画面主体部分过暗，同时摄像头入光会产生"耀光"的现象
背景光	将主播的轮廓处理好后，主播可呈现良好的肌肤状态，但直播间背景会显得非常黯淡。这时需要设置背景光，其作用是平衡室内的光线，获得美肤效果的同时展示直播间的背景。但要注意，背景光是用来平衡灯光效果的，因此应采取低亮度、多光源的方法布置

小提示

　　以上灯光是每个直播间必不可少的，每种灯光都各有优缺点，配合使用可以互相弥补不足。调光的过程比较漫长，要有耐心。

　　每种灯光都各有优缺点，需要配合使用，互相弥补不足，这样才能呈现完美的效果。

　　比如，对于美妆和服装类直播间，主光可以选用白光，白光比较接近自然光，能清楚地展示商品实际状态，再搭配暖色灯带、射灯或壁灯，可以增加高级感。对于美食类和家具类直播间，主光适合选用偏暖色的光，可以使整体氛围更加温馨。

　　某公司直播间如图9-15所示。

图 9-15 某公司直播间

（五）直播设备配置

（1）主要直播设备如表 9-4 所示。各设备型号可根据具体需要选择。

表 9-4 主要直播设备

直播设备	要求
计算机	尽量选用高性能的计算机，保证信号采集和推送流畅
摄像设备	至少准备远景和特写两种摄像设备，最好支持自动变焦和美颜功能，注意提前准备不同设备之间的连接线
话筒	话筒可搭配声卡等，预算充足的话可以选择专业设备
实时显示大屏或提词器	兼顾提词、返送功能，实时提示主播流程推进和用户反馈等
悬臂支架	用于架设话筒或屏幕等，尽量选择结实一些的
导播切换台	多机位、多场景直播时，用于实时切换视频及音频线路，有一些导播切换台还支持计算机图像素材叠加功能

（2）提前架设网络设备，保证直播间网络通畅。网络带宽越高越好，上行带宽宜在 20 兆每秒以上。

（3）直播需要使用的设备较多，要保证直播间有足够的插座，原有插座数量不足时，要提前准备插排。

环节 10　节能减排管理

节能减排是当代社会的重要主题。节能减排不仅能帮助组织降低生产成本、增强竞争力，同时也是保护环境和推动可持续发展的重要举措。

节能减排工作要点如图 10-1 所示。

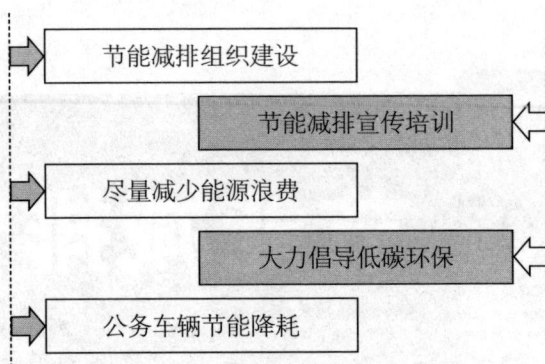

图 10-1　节能减排工作要点

细节53：节能减排组织建设

（一）成立节能减排领导小组

为了做好节能减排工作，行政部应组织建立以相关领导为首的节能减排领导小组，全面部署节能减排工作，指导解决工作中的重大问题。

节能减排领导小组的主要职责如下。

（1）贯彻落实国家、地方、行业主管部门关于节能减排工作的各项方针政策。

（2）统一部署本组织节能减排工作。

（3）跟踪、检查、指导重大节能减排项目，重点关注节能减排项目的实施情况。

（4）督促各部门开展节能减排工作，处理有关建议。

（5）对各部门节能减排工作及目标完成情况实施考核。

（二）成立节能减排办公室

节能减排办公室全面负责本组织节能减排工作的组织实施、跟踪和监督等。

节能减排办公室的职责如下。

（1）传达和贯彻节能减排相关法律法规、政策和文件，掌握节能减排工作动态。

（2）承担节能减排领导小组的日常工作，督促落实节能减排领导小组各项决议。

（3）核实和上报节能减排监测统计信息、资料。

（4）督促各相关部门设定合理的节能减排目标，制定和实施节能减排行动方案、推进计划及措施。

（5）拟定对各部门节能减排工作的考核标准，定期进行考核评价。

小提示

　　各部门应设置节能减排专职、兼职岗位，负责本部门节能减排的日常管理和监督工作。

细节54：节能减排宣传培训

行政部应加强节能减排方面的宣传培训，持续增强员工个人的节能减排意识。

（一）增强节能减排意识

行政部应有计划地开展节能减排宣传工作，充分运用报刊、黑板报及其他宣传工具，积极宣传节能减排的方针、政策、法律法规、标准和科学知识，让员工了解节能减排的重要性及本组织的能源利用情况和可能存在的浪费点，增强员工的节能减排意识。

（二）建设节能减排文化

行政部应在组织内部营造以节能减排为主题的文化氛围，鼓励技术创新，积累节能减排经验，肯定节能减排行为及节能减排成果。

（三）推广节能减排经验和技术

行政部可代表组织开展行业交流和合作，在组织之间共享节能减排经验，推广节能减排技术和设备的应用，达到全行业节能减排的效果。

细节55：尽量减少能源浪费

"绿色""环保""节能"都是新时期社会发展的关键词。减少能源浪费是践行节能减排、响应国家节能环保号召的有力措施。

（一）尽量使用智能设备

使用智能照明系统与智能温控系统，可实现亮度与温度的实时调节、照明的自动开关等，可以有效地减少能源浪费。

（二）用纸管理

（1）提倡无纸化办公，尽量通过网络进行信息交流；必须用纸打印、复印文稿的，尽量使用双面打印方式。

（2）图文草稿尽量使用作废文件的空白面打印。

（3）不打印私人资料。

（三）用水管理

（1）提倡节约用水，减少水资源浪费。

（2）做好供水设备的日常维护，定期检查和更换老化的供水管道和用水设施，杜绝"跑冒滴漏"和"长流水"现象。

（3）办公、生活和服务过程中所使用的用水设施尽量采用节水型器具，严禁使用国家明令淘汰的水暖器具。

（4）在用水设施明显部位设置节水标识，强化员工的节水意识。

（四）用电管理

（1）提倡节约用电，采用节能灯具，做到人走灯灭，杜绝"长明灯"现象。

（2）在工作区域配置温度表，工作人员根据室内温度调整空调温度，尽可能减少用电。

（3）对用电量较大的设备，如空调、计算机、复印机等办公设备，加强使用管理和维护保养，做到"人走机停"，减少能源浪费。

（五）办公设备管理

（1）减少办公设备耗电量。计算机、打印机、复印机等办公设备尽量少开或减少待机时间，停用的办公设备须关闭电源（如打印机、复印机在停用时须关闭电源）。

（2）正确使用并合理维护办公设备，延长其使用寿命。

（3）爱惜办公设备。爱惜打印机、传真机、复印机等设备，发现问题要及时修理。

细节56：大力倡导低碳环保

行政部在传播低碳理念、倡导环保生活时可采取以下方法进行宣传。

（一）在办公空间张贴标语

在办公空间开展低碳环保的宣传工作，比较常见的做法之一是张贴标语。

比如，严于"绿"己；低碳生活，从我做起；绿色生活，节能我能；你只是伸伸手，就能做很多；为地球的明天，将低碳进行到底；保护地球，守护我们共同的家园，等等。

（二）制作并张贴宣传海报

制作关于低碳环保的宣传海报，并将其张贴在合适的位置。

比如，在卫生间或茶水间张贴关于节约用水的宣传海报，在办公区或打印区张贴关于节约用纸的宣传海报，等等。

（三）制作低碳环保主题宣传片

制作低碳环保主题宣传片，通过生动有趣的视频提高职工的环保意识。

比如，某集团在2022年全国节能宣传周制作了以"办公用能，精打细算"为主题的节能宣传视频，通过生动形象的动画展示了节能的重要性，让员工在工作中能够自觉地及时关闭电源，节省能源。

（四）通过公众平台宣传低碳环保知识

为了让员工切实做到低碳环保，还可以在一些公众平台上宣传低碳环保知识，如组织微信公众号、内部网站等。

（五）举办活动践行低碳环保理念

组织践行低碳环保理念不可能一蹴而就、立竿见影，行政部可以组织长期系列活动，或者在不同节点组织开展有记忆点的活动。

1. 长期系列活动

比如，有的企业在"环保月"组织了一系列既有趣又有意义的低碳环保活动，如个人低碳目标达成游戏、环保行动打卡、旧物改造、职场"减塑"计划、工位评选大赛等，让员工更有兴趣参与进来。

2. 节点性活动

行政部可以在不同的节点组织相应的低碳环保活动，具体如图 10-2 所示。

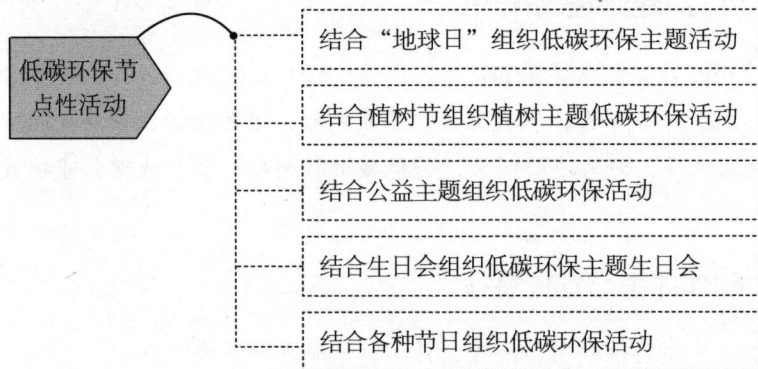

低碳环保节点性活动
- 结合"地球日"组织低碳环保主题活动
- 结合植树节组织植树主题低碳环保活动
- 结合公益主题组织低碳环保活动
- 结合生日会组织低碳环保主题生日会
- 结合各种节日组织低碳环保活动

图 10-2 低碳环保节点性活动

细节57：公务车辆节能降耗

随着大众环境保护意识的增强，节能降耗成了各组织的重要任务之一。公务车辆节能降耗不仅能节约能源，还能有效地提高车辆的使用效率，减少污染物的排放，保护环境。公务车辆节能降耗措施如图 10-3 所示。

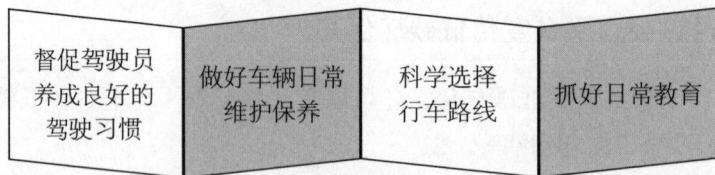

督促驾驶员养成良好的驾驶习惯	做好车辆日常维护保养	科学选择行车路线	抓好日常教育

图 10-3 公务车辆节能降耗措施

（一）督促驾驶员养成良好的驾驶习惯

（1）驾驶员应养成良好的驾驶习惯，如在驾驶时保持良好驾驶姿势，尽量匀速行驶，不频繁变更车道，避免不必要的急刹车，长时间堵车、等红灯时将车辆熄火等。

（2）驾驶员应尽量把车速保持在经济车速上。在高速公路上行驶时，在遵守交通规则的前提下保持车速在 120 千米 / 时以下，耗油量较低。

（3）驾驶员应避免急加速和急减速。急加速、急减速会增加油耗，导致车辆性能下降。

（4）避免长时间怠速。遇到红灯时，驾驶员应有预见性地轻踩刹车，合理运用不熄火滑行的方法控制车速。

（5）合理使用空调系统。科学控制空调系统，保持车内相对温度。使用空调会增加油耗，但当车辆行驶速度超过 85 千米 / 时时，开窗降温会增大风阻力，对抗风阻力所产生的油耗将超过开空调所产生的油耗。

（二）做好车辆日常维护保养

（1）使车辆始终保持良好的技术状态。驾驶员要注意车辆保养，保持车辆外观清洁，出车前要检查性能、油箱是否漏油、制动是否有效等；若有故障，须及时排查维修，车队应加强检查监督。

（2）经常检查轮胎气压。出车前须将轮胎气压保持在基准值范围内，轮胎气压过低会增加车辆油耗，轮胎气压符合要求有助于降低油耗。

（3）定期更换机油，定期清理积碳和过滤器，及时更换火花塞等。污浊的空气滤清器和滤油器、磨损的火花塞及有问题的排放控制系统都可能增加油耗。每行驶5 000 千米应更换机油，检查滤网，及时清洗车辆周围的灰尘、污垢，保持车辆清洁，减少车辆行驶阻力。

（4）做好日常维护工作。驾驶员应定期进行车辆维护并做好登记，确保车辆发动机各部件清洁干净，油路、电路、润滑等系统正常工作。行政部领导每月或必要时检查维护记录。

（5）科学控制后备厢的重量，不要在后备厢里放不必要的物品。汽车的负荷太大，燃料消耗量就会增加。

（三）科学选择行车路线

（1）合理选择行车路线。出行前可研究多条出行路线，请有经验的司机指点，寻求最佳、最短的行车路线，降低油耗。

（2）注意车辆温差。天热的时候，不能把车辆停放在阳光下，尽量在阴凉处寻找通风良好的地方停车，降低车辆温度，保持车辆技术性能良好。

（四）抓好日常教育

严格实施定期教育制度，使驾驶员熟悉交通法规和相关规定，主动做好节能减排工作，从节约每一滴油开始，养成良好的节能减排习惯。

环节 11　职工福利管理

建立良好的福利待遇体制能够增强职工对组织的归属感，从而增强组织的凝聚力。职工福利管理要点如图 11-1 所示。

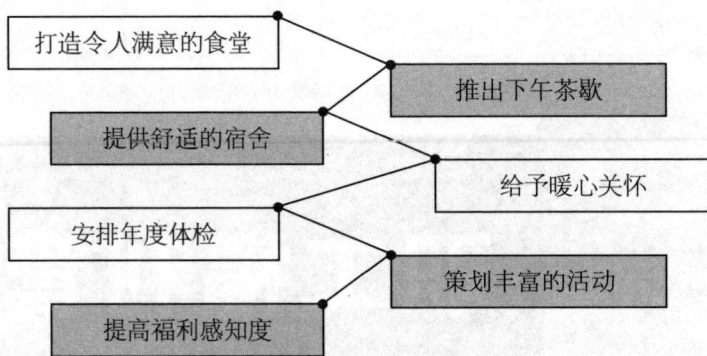

图 11-1　职工福利管理要点

细节58：打造令人满意的食堂

做好食堂管理有助于为职工创造安全、有序、文明、卫生、健康的就餐环境。食堂是组织提供给职工的一种福利。食堂管理到位可潜移默化地提升职工的满足感，提高职工的敬业度和忠诚度；如果食堂管理不到位，就会直接影响职工情绪，导致其工作效率降低。

（一）食堂前期筹备

1. 根据运营模式做预算

如果选择自建食堂，就会产生场地费、设备设施费、能源费、虫控消杀费等，这些都要做好预算。如果选择外包食堂，就要在合同中明确相关费用的承担方。

2. 考量楼宇条件和场地条件

如果选择自建食堂，就要考量图 11-2 所示的两个因素。

楼宇条件	场地条件
（1）楼宇是否为商业用房、是否远离居民楼和污染源 （2）楼宇是否获得自建食堂资质 （3）楼宇是否具备餐厨垃圾清运资质	（1）厨房设计是否满足市场监督管理局对食品经营场所的要求 （2）油烟污水排放是否达到环保局的要求 （3）建设厨房的场地是否满足食堂水电改造条件

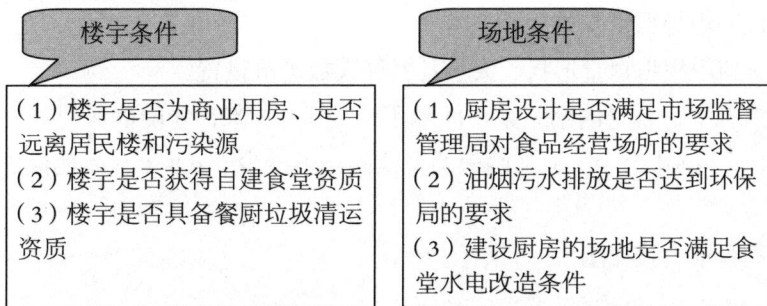

图 11-2　自建食堂的考量因素

（二）食堂空间规划

1. 企业在不同发展阶段的食堂规划方向

一般来说，食堂规划是前置性考量事项，要在租赁新楼宇、搬迁之前规划好食堂空间。企业在不同发展阶段的食堂规划方向如表 11-1 所示。

表 11-1　企业在不同发展阶段的食堂规划方向

企业发展阶段	食堂规划方向
创业初期	创业初期由于条件的限制，一般采用设置单独就餐区域与订购外卖相结合的形式，满足基本需求、快速便捷是主要的规划方向
发展中期	对处于发展中期，有一定经济实力自建食堂的企业来说，食堂应提供更多选择，可推出多种套餐。比如，有 200 人以上用餐者的食堂，可以支持菜品自选或推出不同档次的套餐
发展后期	进入发展后期，企业应把食堂作为品牌形象的一部分来打造。此时的重点在于食堂的功能性和多样性。功能性是指空间内要有多种座椅甚至包间，不仅能支持正常用餐，也能承接员工的小型聚餐或商务接待。多样性要求在有限的空间内提供更多形式的服务，比如，把水吧、中式小炒、西式简餐等都容纳进来，将食堂打造成企业内的"美食街"

小提示　确定自建食堂的面积往往要综合考虑多方因素，包括客观的物业条件、建设预算及中远期规划、需容纳的就餐人数、食堂定位（仅对内部开放还是全开放）、餐食供应种类、经营业态、相关法律法规等。

2. 座位间距与数量安排

食堂座椅应根据食堂形状、大小及就餐人数进行设置。

一般情况下，食堂内两张桌子间隔不得少于 1.3 米，才能确保背对背用餐时不拥挤且便于里侧人员出入；通道两侧的桌椅间距不得少于 0.8 米，才能保证人员的正常穿行。

某公司食堂实景如图 11-3 所示。

图 11-3　某公司食堂实景

关于食堂座位数量的规划，如果食堂面积足够大，想要一次性容纳所有用餐职工，可遵循以下原则：当人数高于 500 人时，座位数应达到总人数的 80% 左右；人数低于 500 人时，座位数应达到总人数的 90%。

如果是自建食堂，食堂实际使用面积与就餐人数比例应达到 1:1，即有 10 000 人的就餐需求，食堂实际使用面积应为 10 000 平方米（含厨房），其中厨房面积一般占整个食堂面积的 30%。

但现实中，很多食堂往往无法一次性容纳所有用餐职工，此时可以采用错峰用餐形式。错峰人流应当少于三轮，每一轮就餐时间控制在 30 分钟以内。这就要求发餐速度足够快，每轮尽量在 10 分钟内发放完毕。

3. 科学设计动线

由于职工用餐时段比较集中，合理规划就餐路线尤为重要。科学制定食堂动线的考量因素如图 11-4 所示。

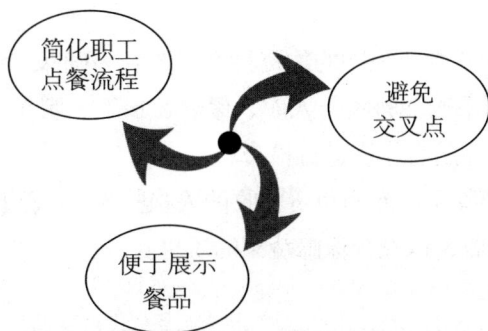

图 11-4　科学制定食堂动线的考量因素

常见的动线类型如表 11-2 所示。

表 11-2　常见的动线类型

动线类型	说明
直线动线	将职工进场、点餐、结算、用餐、餐具回收、离场的动线尽可能设计为一条直线，使其具有连贯性，减少行走步数与时间
横线动线	职工横向顺着队伍前行，在排队时就能浏览所有菜品（甚至了解价格）并做出选择，结账后再继续向前走入就餐区
纵向动线	让职工在每一个档口前进行排队点餐，快速地依次完成点餐。档口上方设置餐品信息，让职工在排队时就能迅速做出决定，提高点餐效率
环回形动线	根据食堂空间特点做环形、回形动线设计，可以增强空间流畅性及灵活性，为满足不同的就餐需求提供多元化的配置

（三）食堂安全管理

为了确保食堂安全与卫生，行政人员要构建完整的食品安全卫生保障体系，严防食品安全事故发生。食堂安全管理措施如图 11-5 所示。

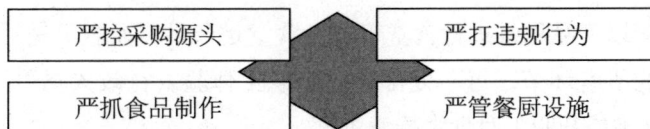

图 11-5　食堂安全管理措施

1. 严控采购源头

专为职工供餐的食堂所采购的物资种类繁多。为确保采购的物资卫生、安全，行政人员应对物资的采购、验收、入库、保管、加工、制作等流程严格把关并制定相关制度，定期对仓库所有物资进行检查。

例如，每日蔬菜除了由专门负责验收的人员验收外，还应随机抽取一名现场人员和行政人员参与验收，以充分保障蔬菜的质量。

2. 严抓食品制作

（1）抓好食品制作用具卫生管理，各类制作原材料须隔墙离地摆放，仓库内严格落实"防四害"。

（2）食堂各操作间分布科学合理，合理规划食材清洗和加工的路线、烹饪盛装和出品配餐路线，避免交叉。

（3）生熟食品砧板分开，各类盛具贴标分类摆放，杜绝生熟交叉污染。

（4）在食品制作过程中，现场工作人员均按规定要求戴厨师帽、手套、口罩，避免食品的人为污染。

（5）实行明厨亮灶，有条件的可在食堂就餐大厅播放后厨实时视频，让所有就餐职工监督后厨操作流程，确保食品制作过程安全、卫生。

3. 严打违规行为

遵守国家、地方制定的各类食品安全卫生法规，结合实际制定相关管理制度，定期对食材、菜品、职工操作、各类记录等进行抽查，所有餐品严格执行留样制度，发现违规行为从严处理。

4. 严管餐厨设施

严格遵守《中华人民共和国食品安全法》，按照食品卫生安全管理流程，设置食品加工区、切配区、烹饪区、蒸饭间、主副食干菜调料仓库，并将生熟食品分开存储，操作区要安装消毒柜、灭蝇灯、防鼠板等设备设施。各类餐具严格按照餐具消毒管理制度消毒，让员工吃得放心、吃得安心。

（四）提升职工对食堂的满意度

行政人员应以产品思维进行食堂管理，食堂是产品，而职工是用户。从进入食堂到离开食堂的所有环节，每一处都会影响职工体验。行政人员可以采取图 11-6 所示的几项措施来提升职工对食堂的满意度。

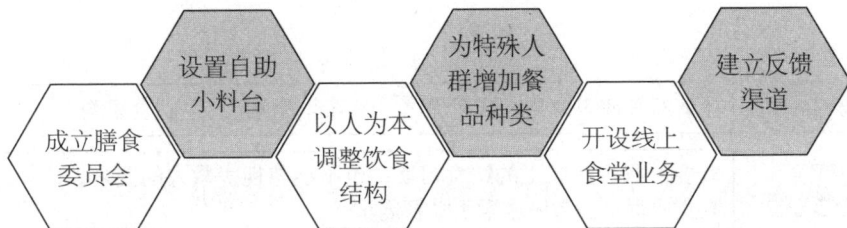

图 11-6　提升职工对食堂满意度的措施

1. 成立膳食委员会

职工对食堂的不满意有可能是因为信息不对等，成立膳食委员会可以让职工充分了解、参与食堂管理，在食堂管理者与广大职工之间搭建沟通的桥梁。

每个部门可以选出代表进入膳食委员会。膳食委员会成员实行任期制，责任和义务均要明确。膳食委员会的职责包括收集意见、参与处理食堂管理问题、开展例行检查、参与设计菜单等。

膳食委员会成立初期可以举行一些正式活动，如正式颁发任职书、聘书等。由职工兼任的膳食委员会成员直接参与食堂管理，做到"从职工中来，到职工中去"。这样，食堂管理工作就能被广大职工认可，从而有效降低食堂管理难度。

2. 设置自助小料台

大部分职工对食物口味的要求其实集中在两个方面——咸淡和辣度，对厨师级别、厨艺水平的反馈相对较少。

食堂可增设小料台，放上盐、辣椒、醋、糖等调味料，职工可以根据自己的口味添加。这样一来，他们对口味的意见自然会减少，而且每月在小料台上支出的费用并不多。

某公司食堂的自助小料台如图 11-7 所示。

图 11-7　某公司食堂的自助小料台

3. 以人为本调整饮食结构

单位职工来自不同的地区，有不同的饮食习惯，要让每个人都吃好确实不是一件易事。行政人员可以采用图 11-8 所示的几种方法来调整饮食结构，满足职工用餐需求。

方法一	了解就餐职工口味，从而优化、调整食谱制定、主副食采购
方法二	既要照顾多数职工的饮食习惯，也不能忽视少数人的要求。比如，食堂应保证少数民族职工就餐需求
方法三	定期变换饮食花样，保证每周不重样
方法四	讲究科学，荤素搭配，保证营养
方法五	经常征求职工意见，及时增添、变换主副食的品种、花样

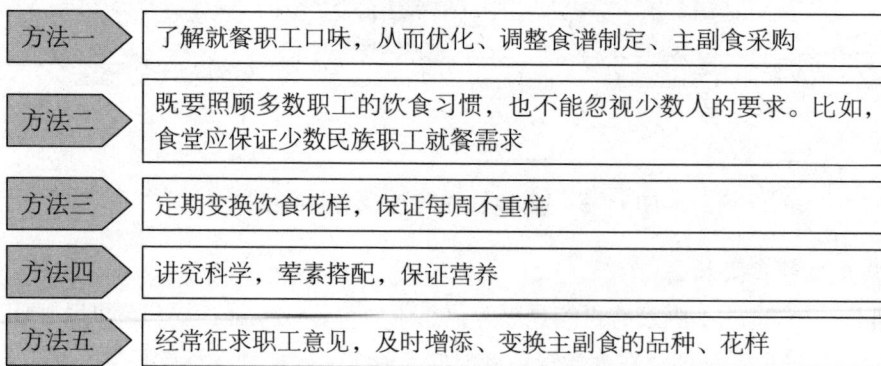

图 11-8　调整饮食结构的方法

4. 为特殊人群增加餐品种类

怀孕人士、健身减肥人士、身有疾患人士等特殊人群对餐品有不同的需求，食堂可以为这些特殊人群提供私人定制服务，如提供准妈妈餐、哺乳妈妈餐、减脂餐、无糖餐、无盐餐等。

5. 开设线上食堂业务

高峰期排队时间久、因工作原因无法按时就餐、需要排多个窗口等就餐难题，线上食堂都能有效解决。开通线上食堂可以让职工在午餐时间之前就可以线上自助点餐，系统可以自动扣除餐补余额、生成取餐码并提示预计等待的时间、备餐状态等。

线上食堂甚至可以提供外卖服务，职工线上下单，食堂接单后会将餐品送至职工所在办公楼层。

6. 建立反馈渠道

第一时间响应职工投诉是维持职工满意度的重要方式。建立反馈渠道不能只是每月做一次满意度调查，而应融入就餐场景的每个步骤。

比如，线上的信息查询、菜品点赞、投诉反馈渠道；线下的面对面投诉建议渠道；桌面的二维码投诉渠道；微信公众号投票；等等。

行政人员在做食堂满意度调研时，要想让结果更准确，可以把打分标准由数字评分替换成"一般""很好""满意"这样的形容词，后台整理统计时再把这些形容词量化。这是因为每个人的评分标准不同，针对菜品一般的情况，有的人认为"一般"可以打 7 分，而有的人会认为"一般"只能打 5 分。

（五）杜绝和减少食品浪费

古诗云："谁知盘中餐，粒粒皆辛苦。"勤俭节约是中华民族的传统美德。食堂是群体性餐饮的主要场所，行政人员应采取相应的措施，引导职工杜绝"舌尖上的浪费"，营造浪费可耻、节约光荣的氛围。

1. 加强宣传教育，增强节约意识

（1）在食堂张贴"厉行节约、反对浪费"等宣传标语、海报，设置告示牌，在餐桌上摆放"节约用餐"提示牌，营造浪费可耻、节约光荣的用餐氛围。

（2）餐厅电视滚动播放坚决抵制餐饮浪费行为、切实培养节约习惯的宣传片及公益广告，加强爱粮节粮宣传教育，引导职工自觉抵制餐饮浪费行为。

（3）在厨房适当位置张贴宣传画、摆放提示牌，提醒相关操作人员自觉将厉行节约纳入餐饮生产、加工、服务的全过程，积极打造节约型餐饮。

2. 加强采购制作管理，减少后厨浪费

（1）严控食材安全和品质，验收人员每天对供货商供应的食材认真检查，不达标、不合格的须及时退换，在验收环节不浪费任何可用食材。

（2）规范菜品制作，制定洗菜、拣菜、存储菜、剩菜处理操作规程，最大限度地利用食材，做到"节约到后厨，节约到食材"，在保证食品安全的基础上减少后厨浪费。

3. 推行食堂精细化管理

（1）开展食堂精细化加工专项培训，要求配菜过程中要称料下锅、合理配比，荤料和素料集中加工，最大限度地提高成品率。

（2）在保证膳食营养的前提下，推广"一料多菜、一菜多味"，对边角余料进行二次精加工，确保物尽其用，避免原材料浪费。

（3）对库存物资实行精细化存储。防止食材腐烂变质，降低库存损耗。

细节59：推出下午茶歇

在一个舒适的工作环境中工作，在工作中获得乐趣，这是所有职工的共同追求。推出下午茶歇可以促进职工之间的交流，让他们在工作中获得乐趣。职工边吃边聊的时候，往往能相互启发，想出一些独具创意的好方法。下午茶歇促进了职工之间的交流，不同部门的职工通过聊天互相了解。有了融洽的同事关系，合作会更容易，效率会更高，分歧也更容易化解。

自由自在的下午茶歇对职工来说是一种人性化的福利，而且构建了一个互相沟通的温馨平台。但要想办好下午茶歇，行政人员需要花费不少心思，既要让下午茶歇所需的点心和水果不超出预算，又能最大限度地给予职工温情关怀。

某公司下午茶歇的茶点如图 11-9 所示。

图 11-9　某公司下午茶歇的茶点

细节60：提供舒适的宿舍

组织要想持续发展，就要留住人才。解决职工的居住问题，让他们住得安心、舒心，是组织留住人才的有效方法之一。

（一）依法选择职工宿舍位置

组织在选择宿舍的时候一定要将安全放在首位。若使用自有房屋，应严格按照《中华人民共和国安全生产法》《中华人民共和国消防法》的规定选择职工宿舍的位置，定期对宿舍进行检查，排查可能存在的风险。若使用租赁的房屋，则要在签订租赁合同前，对安全问题进行全面排查，确保房屋不存在安全隐患。

（二）建立健全职工宿舍管理制度

组织应明确规定职工宿舍入住条件，明确人员迁入迁出时应当办理的手续、房间及日常用具的分配标准、入住要求等。经上级管理部门批准后，行政部可将相关规定张贴在墙上或制成手册。

组织可以根据自身实际情况决定是否允许职工携家属或朋友住宿。若不允许职工携家属或朋友住宿，须明确告知职工违规的后果；若允许职工携家属或朋友住宿，应与职工签订相应的协议。

（三）完善职工住宿设施

（1）组织应在职工宿舍设置总服务台、楼层服务台、茶炉间、理发室、电视室、阅览室、游艺室、小卖部、医务室等。

（2）房间的采光、通风条件要好，有防暑、取暖设施及充足的空间。

（3）提供床、蚊帐、被褥、书架、暖壶、茶杯、脸盆、水桶等物品，配置拖把、扫帚、垃圾桶等卫生用具，安装空调、热水器等设备。

（4）有条件的组织还可以设立公共厨房、公共洗衣房，以方便职工生活。

（四）提升职工宿舍服务

1. 充分发挥人员和设施的作用

组织应充分发挥现有人员和设施的作用，做好常规性的服务，使住宿人员在宿舍楼内便可完成理发、洗澡、缝洗衣物、购买日用品、收发快递、接待亲友等活动。

2. 丰富单身职工的业余生活

组织应按时开放影音室、阅览室、游艺室；可每周举行小型文娱活动，每逢重大节日（如元旦、春节、劳动节、国庆节等）举办大型文体活动。

3. 提供有特色的服务项目

组织应了解职工的特殊需要，提供有特色的服务项目。例如，为倒班的员工提供叫班服务，代员工接待客人或传达客人留言，等等。

（五）加强宿舍安全管理

1. 定期开展安全教育

要定期对住宿人员进行安全教育，不断提高住宿人员的防范意识，帮助住宿人员掌握报警、使用消防器材、扑救初起火灾、组织人员疏散逃生等能力，确保安全。

2. 严格遵守治安管理制度

宿舍管理人员要严格遵守宿舍治安管理的各项制度，做好交接班记录；配合治安人员的工作，管理好宿舍秩序，禁止住宿人员酗酒闹事、打架斗殴、赌博盗窃等。

3. 来访人员必须登记

宿舍管理人员要做好来访人员登记工作，做到随访随记。

4. 完善宿舍安全设施

（1）对于陈旧的宿舍安全设施，要进行有计划的更新、更换，要及时补充安全器材。

（2）在遇到火灾等灾害时要充分利用安全设施，应对灾害险情。

（3）要加强对安全设施的日常保养与维护工作，及时排除故障，让其始终处于最佳状态，以应对突发危机。

5. 定期排查

行政部应定期对宿舍的安全问题进行排查，并建立职工信箱，对职工所反映的事项进行妥善处理，及时发现可能存在的安全隐患，避免危险发生。

小提示

现行法律没有强制性规定企业应当为职工提供职工宿舍，但企业一旦提供了职工宿舍，就负有了法律所规定的安全保障义务，并且职工宿舍对职工而言就是其在外的家，因此企业在每一环节都应严谨审查，为职工提供一个温馨的家。

细节61：给予暖心关怀

任何一个组织，在确保业务正常开展的同时，也要给予职工应有的关怀。这种关怀的背后就是一种以人为本的理念。为了切实达到关怀职工的目的，行政部可以从以下几个方面入手。

（1）关心职工的职业发展，营造想干事、能干事、会干事的环境，为职工提供实现自我价值的职业生涯空间和成长发展机会，实现人尽其才、才尽其用、适才适岗，形成干事有舞台、工作有动力、评价有标准、发展有空间、利益有保障的良好氛围。

（2）关心职工的薪酬福利，关注职工的薪酬、津贴和其他福利收入增减变化，科学合理地确定工作报酬，努力改善职工的福利待遇。

（3）关心职工身心健康，建立职工健康档案，安排定期体检，帮助职工及时了解身体状况，提醒职工关注自身健康。

（4）关心职工家庭生活，帮助职工解决实际困难，做职工的贴心人，设立"五必访"制度，即职工家庭出现特殊困难必访、职工家庭出现重大矛盾必访、职工家庭遭遇意外灾祸必访、职工生病住院必访、职工直系亲属病故必访。

（5）通过一些小细节体现对职工的关心。例如，在职工生日当天送上一份小礼物或一张生日贺卡；对职工家庭事务加以关心和帮助；为职工编制一份治安问题防范手册；在新年给职工送上新年礼物；由上级领导每年给职工送一张小卡片，写上职工的优点和不足；等等。

以下为一份员工关怀管理制度范本，仅供参考。

范本

员工关怀管理制度

1. 目的

做好员工关怀管理是公司营造和谐氛围的重要手段，也是公司文化建设的一个重要方面，在公司内部发挥独特的管理效用。为贯彻公司以人为本的理念，体现公司对员工的人性化管理和关怀，并以此提高员工对公司的认同感、归属感及忠诚度，进而让员工保持更好的工作心态，与公司共同成长和发展，特制定本制度。

2. 适用范围

本制度适用于本公司全体员工。

3. 员工关怀原则

大处着眼，小处着手；用心用情，融入点滴；承诺必行，避免形式。

4. 职责

4.1 行政部

4.1.1 负责本制度的修订与解释。

4.1.2 组织或督促相关人员落实员工关怀行为。

4.2 职能部门和相关领导

依照本制度要求具体落实员工关怀行为。

5. 内容

5.1 新员工关怀

5.1.1 从员工应聘之时起，即严禁任何工作人员对应聘人员或新进人员有冷漠对待、苛刻责备、嘲讽讥笑等行为。

5.1.2 凡有新进人员到达公司，须由主管级或以上人员为其介绍公司的主要领导情况及其在工作环境中接触最多和协同工作的同事情况。

5.1.3 新员工到岗第一个星期之内，上级主管须做不少于3次的访谈，了解其进入工作岗位后的工作状况及生活状况；行政部人员须做不少于1次的访谈，了解其进入工作岗位后的工作状况及生活状况。

5.1.4 新员工（上岗1个月以内的员工）出现工作过失的，一律以帮助教育为基本处理方式。但屡教不改或已经造成重大事故者且符合员工奖惩管理相关规定中应予辞退条件的，按辞退办理。

5.2 节日关怀

5.2.1 行政部利用公司的短信平台，在中秋节、春节两个节日向全体员工发送致谢、祝福及问候短信。

5.2.2 每年端午节由行政部申请购买适当数量的粽子、鸭蛋，于节日当天发给全体员工。

5.2.3 节日福利：每年中秋节、元旦分别给每位员工发放××元。

5.2.4 妇女节当天女员工放假半天。

5.2.5 儿童节当天，有孩子的女员工可放假1天。

5.3 员工生病关怀及劳动保护

5.3.1 凡生病员工，上级主管至少需短信问候并在归岗后表示慰问。对于生病住院和工伤的员工，由其上级主管与办公室人员代表公司一起进行看望慰问，并给予200元的慰问金。

5.3.2 由公司统一购买部分常用药品，员工免费使用。

5.3.3 每年夏季由公司统一购买防暑药品，员工免费使用。

5.3.4 公司每次组织集体性聚会或活动前需调阅员工信息资料，并考虑员工的生活习惯或禁忌，若与本次聚会或活动有所冲突，应做出妥善安排。

5.4 员工家庭及亲属关怀

员工或其直系亲属发生重大意外事件的，或者员工工作生活中出现重大困难的，公司核实后主动给予支持援助，并由公司领导或部门领导与其约谈，帮助员工树立信心，以积极向上的心态面对挫折和困境。由公司领导委托人员负责具体操作，但要注意尽可能地避免让员工自己主动申请公司援助，公司应主动援助而不是让员工申请。

5.5 工作关怀

5.5.1 凡出现员工被客人辱骂或殴打的，由上级主管即时陪同谈心，对员工进行情绪安抚，至其情绪稳定时方可让其继续上岗。

5.5.2 员工在履行工作职责中被客人殴打并造成伤害的，公司需出面要求客人进行道歉及赔偿等，在未和客人达成一致意见时，由公司先行垫付医药费。确为客人责任，但最终无法落实赔偿的，医药费由公司承担。

5.5.3 员工因工负伤，上级主管应及时安排员工进行伤口处理或到医院治疗，相应的医疗费用由公司全额报销。

5.5.4 员工之间发生矛盾纠纷，行政部人员或部门负责人要主动开导、化解纠纷，增进员工之间的信任。

5.5.5 员工工作情绪低落、有负面思想时，行政部人员或上级主管要主动了解情况，与其约谈，帮助员工重新树立信心，以健康的心态对待工作和生活。

5.5.6 员工岗位调动，原部门和新部门的主管都要与员工约谈，帮助员工正确面对岗位调整，以更好的心态面对新的工作挑战。

5.5.7 上级主管要不定期与下属员工进行沟通，帮助员工认识到工作中的不足，加以改正，更好地开展工作。

5.6 生日庆祝

行政部人员为新进员工办理入职手续时登记员工生日信息，登记时应遵从当地习惯，注明按公历还是按农历登记生日。在员工生日当天送上由公司领导亲笔签名的贺卡和生日蛋糕一份，向员工表达祝福和问候。

5.7 婚育贺仪

5.7.1 员工结婚，公司致贺金××元。

5.7.2 员工子女出生，公司致贺金××元。

5.7.3 员工直系亲属去世，公司领导及部门领导代表公司前往悼念，致礼金××元。

5.8 女员工"三期"休假

5.8.1 女员工怀孕6个月（含）以内的，每月有×天产前检查假；怀孕7～8个月的，每月有×天产前检查假；怀孕9～10个月的，每月有×天产前检查假。产前检查假为带薪休假，不扣除基本工资。

5.8.2 女员工生育可享受××天产假。其中，产前可以休假××天；难产的，增加产假××天；生育多胞胎的，每多生育1个婴儿，增加产假××天。

5.8.3 怀孕未满 4 个月流产的，享受 ×× 天产假；怀孕满 4 个月流产的，可享受 ×× 天产假。

5.8.4 女员工在哺乳期每天享有 1 小时哺乳时间，生育多胞胎的，每多哺乳 1 个婴儿每天增加 1 小时哺乳时间。

5.9 带薪休假

5.9.1 年休假：在公司工作满一年以上的员工每年可享受 × 天带薪休假，年休假遇正常休息冲抵，不顺延。

5.9.2 婚假：员工符合晚婚条件的婚假 × 天，非晚婚者婚假 × 天。

5.9.3 丧假：员工直系亲属（配偶、子女、父母、配偶父母）去世，丧假 × 天。

5.9.4 陪产假：男员工配偶生产，陪产假 × 天。

5.10 员工活动

5.10.1 公司每年组织一次外出游玩，增进同事间交流，加深员工间感情，放松工作心情。

5.10.2 公司定期或不定期举办员工集体活动，如员工趣味运动会、厨艺大赛、联谊赛等。

5.10.3 为单身员工创造和提供相亲机会，与其他单位联合组织联谊活动。

5.10.4 新春庆典团拜会：每年春节前公司组织大型新春团拜会，邀请员工家属参加晚会。在晚会上举行年度优秀部门、优秀干部、优秀员工表彰，由员工组织策划文艺活动，员工和家属一起互动，公司领导向全体员工及家属表示慰问和祝福，与员工共享晚宴。

5.11 其他关怀

5.11.1 员工结婚纪念日当天可提前 1 小时下班。

5.11.2 每年 8 月每人发放高温补贴 ×× 元。

细节62：安排年度体检

职工体检作为一项福利政策，充分表现了组织对职工的关爱、对职工身体健康的重视，有益于加强职工对组织的认可感、归属感，从精神层面和物质层面满足职工的需要，从而更好地留住职工，降低人员流失率。

（一）选择职工体检项目

行政人员在选择职工体检项目套餐时，一般会优先从体检机构提供的套餐中选择基础的体检项目。其实，基于相关预算，针对不同岗位、性别、年龄、职位，设定不同的体检金额与个性化检查项目，增加自由选择检查项目，可以让职工获得更好的体检体验。

比如，允许职工选择体检项目，超出预算时职工自费检查即可。这样可以避免体检项目千篇一律，职工可以根据年龄、性别及易患职业病有针对性地调整体检项目。

（二）提供后续的配套服务

有的组织在职工体检完毕后未邀请专业医生解读体检报告并提供建议，也没有后续的健康管理计划。有条件的组织应为职工开设私密咨询通道，提醒有疾病风险的职工及时就医，消除疾病风险。

（三）职工体检的拓展

目前有很多组织都非常重视职工福利对职工家庭的覆盖，如果有相关预算，可将体检项目延展到职工的家庭成员，如父母、子女、配偶等，这对职工来说是非常暖心的福利。

小提示

如今，很多组织在职工健康上的投入不少，如何将这笔预算花得更有价值是行政人员应该深入思考的问题。

（四）构建职工健康管理体系

虽然很多组织都会安排职工体检，但有些组织不会对职工体检数据做汇总分析，将体检数据作为职工健康管理的基础。为了构建完善的职工健康管理体系，行政人员在收集、处理、分析职工体检数据方面应做好以下几点。

1. 体检报告数据化

体检报告数据化是目前很多组织都在做的事，与之相应的体检报告在线解读、绑定商业保险、绿色就医等服务可以方便职工解决疾病相关问题。

2. 职工隐私保护

对于体检报告数据化，组织应关注职工体检数据隐私保护。无论汇总分析体检结果，还是分析个人数据，都要关注职工隐私保护，既要为职工提供查看体检数据的便利，也要保障个人健康数据安全。

3. 职工体检延伸福利

可以对职工体检数据分部门、性别、年龄段进行对比，以便大家了解职工健康曲线。行政部可以基于职工体检数据开展一系列与健康相关的活动。

比如，开展趣味运动会、无烟日、每周运动日等活动；与职工食堂合作，调整职工膳食，开发全新菜品；等等。

> **小提示**
>
> 职工健康管理体系并非仅仅包含职工体检，还包含饮食、空间环境、饮水、绿植、空气净化、健身房管理等模块，职工体检只是基础。

细节63：策划丰富的活动

行政部可以根据组织发展的需求，在预算充足的前提下，组织开展多种形式的活动，丰富职工业余生活。

（一）职工生日活动

为职工办生日会可以表达对职工长久以来付出的肯定和感谢，可以让每一位职工切身感受来自大家庭的温暖，营造良好氛围，从而凝聚人心。

（1）行政人员根据职工人事档案制作职工生日名单，并制作职工生日卡。

（2）制定职工生日会方案，方案内容包括过生日职工名单、负责人、活动内容、活动程序、地点、采购清单、预算等。

（3）行政人员于活动开始前布置会场，做好准备工作。

（4）职工在指定的时间、地点集合，开展活动。

> **小提示**
>
> 组织不仅要提供基础的薪酬保障，还要让职工有归属感，感受到组织的关怀。职工生日会就是一个很好的活动。组织可以根据实际情况选择按月或季度举办。

（二）团建活动

团建活动也是必不可少的一项福利。举办团建活动，可以深入贯彻组织文化，让职工充分地感受到组织的人性化管理氛围，增强集体荣誉感及责任意识、大局意识。

行政人员可按表 11-3 所示的步骤来策划团建活动。

表 11-3　团建活动策划步骤

步骤	说明
确定需求	（1）与领导确定以下事项 ① 团建目的：增强凝聚力、娱乐放松、加强职工之间的了解等 ② 团建预算 ③ 团建时间 ④ 团建项目方向 （2）与职工确定以下事项 ① 个人偏好（通过群投票或问卷等形式） ② 团建时间是否与职工个人安排相冲突 ③ 参加人数
写活动方案	（1）活动背景：自然、社会、公司 （2）活动目的：增强凝聚力、娱乐放松、加强员工之间的了解等 （3）活动时间：20×× 年 ×× 月 ×× 日 （4）活动地点：单个或多个地点 （5）参与人员：人数、年龄、男女比例、职务 （6）活动预算：成本控制 （7）活动流程：活动顺序安排 （8）活动宣传：活动前、中、后期宣传安排 （9）活动执行：什么时间做什么事情、推进活动 （10）活动物料设备支持：出行指南、横幅旗帜、急救药物、摄像设备、音响等 （11）风险控制：活动可能产生的风险及解决措施
选择及联系商家	（1）选择及联系商家，并确认交通、活动地、住宿情况 （2）发票开具事宜
二次确认	（1）与领导确认方案细节、活动安排 （2）发放活动通知，确认参加人数 （3）与商家确认交通、活动地、住宿情况 （4）活动所需物料和设备
活动中执行	（1）出发前发送提醒短信，注明时间、地点、车牌号、着装要求等 （2）活动中留意成员的身心健康

（续表）

步骤	说明
活动中执行	（3）重要环节需拍照或录视频 （4）活动结束后清点物料和设备
活动后宣传及复盘	（1）整理宣传资料 （2）复盘总结，做汇报 （3）建立标准化流程和规范，以便下次组织活动

（三）年度旅游活动

为了丰富职工的文化生活、完善职工福利体系，行政人员可以在预算充足的情况下策划年度旅游活动。

对于大型的年度旅游活动，如果策划不合理、准备不充分，极有可能出现一些问题。因此，行政部要先策划方案，方案内容包括活动的时间和地点、参与人员、开展方式等；然后将方案报各级领导审批；方案审批通过后还要联系相关的旅游公司，以便为职工进行讲解或组织趣味活动。

以下事项需特别注意。

（1）由于是外出活动，为减少风险，须为出游职工购买意外保险。

（2）做好安全责任提示。

（3）备好常用药品，以备不时之需。

细节64：提高福利感知度

职工不清楚福利体系，其所能实现的效果自然会大打折扣。因此，行政人员除了要贯彻落实组织制定的各项福利政策，还要想方设法地提高福利感知度，具体措施如图 11-10 所示。

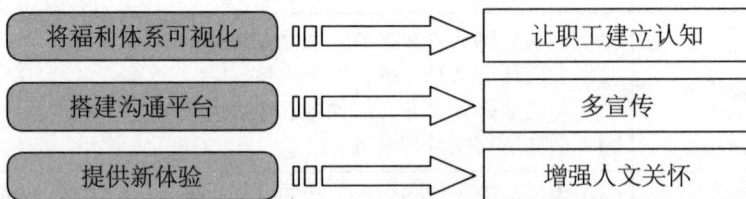

图 11-10　提高福利感知度的措施

（一）将福利体系可视化，让职工建立认知

要让职工建立对福利体系的认知，首先要将福利体系可视化。

1. 设计福利"地图"

首先要把现有福利项目分类，确立基础框架。行政人员可以根据场景将福利项目划分成图 11-11 所示的几类。

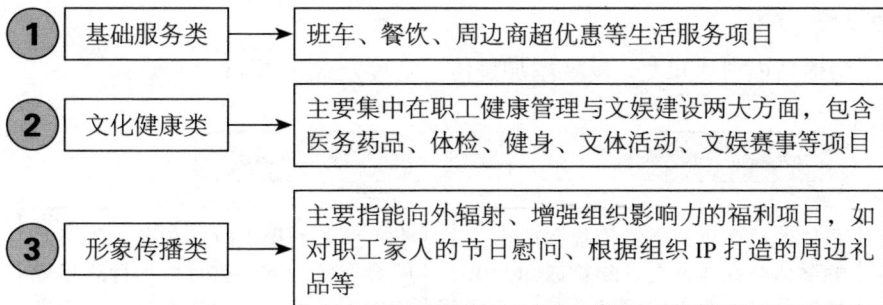

① 基础服务类 → 班车、餐饮、周边商超优惠等生活服务项目

② 文化健康类 → 主要集中在职工健康管理与文娱建设两大方面，包含医务药品、体检、健身、文体活动、文娱赛事等项目

③ 形象传播类 → 主要指能向外辐射、增强组织影响力的福利项目，如对职工家人的节日慰问、根据组织 IP 打造的周边礼品等

图 11-11　福利项目分类

比如，有的组织把福利体系分为以下几个部分：与单位生活服务相关的"快乐生活圈"、与身体健康相关的"健康加油站"、与节庆休假相关的"休闲娱乐吧"，以及与文化学习相关的"大脑充电站"。

2. 筛选出感知度高的、重要的项目

构建福利需求矩阵，筛选出需要重点关注的项目。那么，如何筛选出职工心中感知度高的、重要的项目呢？方法其实有很多。

比如，某公司曾这样操作：把一块写满员工福利的板子给员工，请大家假设自己是领导并把不需要、浪费钱的福利划掉，从而筛选出更适合本公司员工的福利项目。

（二）搭建沟通平台，多宣传

搭建沟通平台是为了让职工随时掌握福利情况，知道每项福利的具体内容。

1. 提供福利查询工具

福利查询工具应使用便捷，使新入职的职工也能快速了解相关内容。常用的福利查询工具如图 11-12 所示。

工具一	可以将福利政策印在职工手册上，人手一册，以便及时了解与查询
工具二	可利用公众号，在底部菜单栏提供福利查询功能
工具三	专门打造一个福利平台，让职工随时查询福利信息

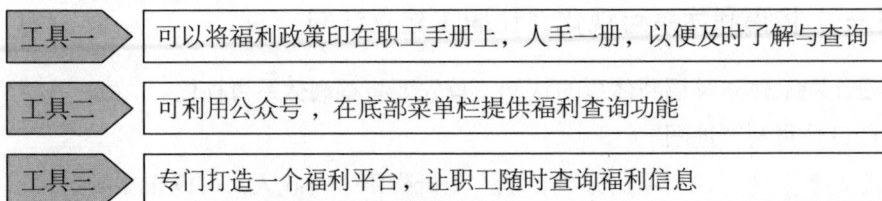

图 11-12　常用的福利查询工具

2. 增加宣传

要想提高福利感知度，就要增加宣传。宣传方式如图 11-13 所示。

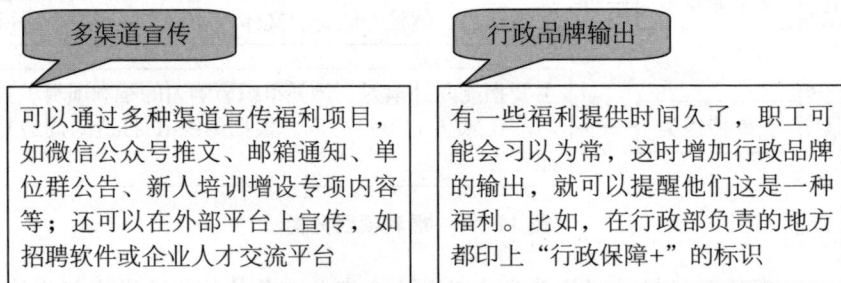

多渠道宣传

可以通过多种渠道宣传福利项目，如微信公众号推文、邮箱通知、单位群公告、新人培训增设专项内容等；还可以在外部平台上宣传，如招聘软件或企业人才交流平台

行政品牌输出

有一些福利提供时间久了，职工可能会习以为常，这时增加行政品牌的输出，就可以提醒他们这是一种福利。比如，在行政部负责的地方都印上"行政保障+"的标识

图 11-13　宣传方式

> **小提示**
>
> 增加宣传，不仅能够让职工了解组织福利，还能不断增强组织影响力，同时也能让更多人看见行政人员做了哪些工作。

3. 建立沟通渠道

为了提高福利感知度，行政人员应建立多种沟通渠道了解职工需求，包括线上和线下沟通渠道。

（1）线上沟通渠道

线上沟通不仅沟通成本低，而且沟通速度快，这种沟通方式也是年轻职工更喜欢的方式。常见的线上沟通渠道如表 11-4 所示。

表 11-4　常见的线上沟通渠道

沟通渠道	说明
行政热线电话	行政热线电话是最快速的沟通渠道。很多大型企业都会开通行政热线电话

（续表）

沟通渠道	说明
意见反馈群	可以通过钉钉群或微信群收集职工的意见及投诉，持续关注职工满意度。这种方式简单易操作，可以第一时间了解职工心声
微信公众平台	可以利用"新关注回复"或菜单栏功能，鼓励职工建言献策；还可以利用推送功能，对多数职工的痛点进行集中处理，给予正面回应
内部工具和系统	可以在钉钉、办公自动化（Office Automation, OA）系统等内部办公系统中建立沟通渠道；或者在内部开发的软件工具上搭建反馈平台，鼓励职工提出建议
意见邮箱	可以设立意见邮箱，为职工提供发送投诉邮件的通道。通过整理高频关键词，了解职工痛点，进行服务优化
二维码链接	可以直接设置二维码，根据不同用途将二维码图片张贴在不同位置，职工有问题，可以直接扫描二维码进行反馈
短视频	对于需要职工了解的信息，如希望职工改进的问题、企业文化建设、职场正能量传播、节能环保知识、资产管理方式等，要用职工喜欢、能接受的方式进行传播和沟通。比如，可以把枯燥的企业价值观宣传片拍成幽默有趣的价值观行为短剧，就更容易将企业价值观传递给职工

（2）线下沟通渠道

线下沟通在了解职工需求、与职工建立良好关系等方面较有优势。常见的线下沟通渠道有表 11-5 所示的几种。

表 11-5　常见的线下沟通渠道

沟通渠道	说明
在活动中交流	要注重活动的趣味性，营造出轻松的氛围，提供面对面交流的机会，让职工乐于表达
主动访谈	有时职工工作忙碌，缺少时间和机会反馈意见。这时，行政部可以主动出击，自觉与业务部门或职工代表联系，了解业务部门对行政服务的意见及建议，全方面挖掘内部痛点
开展调研	职工需求调研是沟通反馈的一种重要手段。定期调研的目的：一是直接调研职工的需求和问题，倾听职工心声，了解职工真正感受到什么、需要什么，根据调研结果优化管理机制，提升职工幸福感；二是邀请职工直接参与决策，增强其参与感，提升其归属感

小提示

在处理职工反馈及投诉时，行政人员应注意两点。一是以良好的态度包容职工情绪。对于职工提出来的属实的问题，要勇于承认不足，积极改进。二是及时响应投诉，避免职工因投诉无人受理而影响情绪，进而影响工作效率。

（三）提供新体验，增强人文关怀

为了提高福利感知度，行政人员应不断为职工提供新体验，增强人文关怀。提供新体验的措施如图 11-14 所示。

措施一 ▶ **更新福利，带来新鲜感知**

利用福利更新刺激职工，给他们带来新鲜感。例如，更新日常用品，每月替换茶水间零食种类，提供当前流行的食品，或者升级茶水间咖啡，将袋装速溶咖啡换成现磨咖啡等

措施二 ▶ **举办有记忆点的大型活动**

举办大型的、有代表性的活动，通过该活动在职工心中留下"福利真的很好"的印象

措施三 ▶ **通过数字化提升体验**

随着数字化技术的成熟与普及，组织可以利用数字化技术及手段提升福利体验。比如，停车场智能泊车、班车到站实时查询、工位导航等智能服务都可以提升体验

图 11-14 提供新体验的措施

相关链接

如何打造企业行政公众号

为了更好地为员工服务，现在许多企业已经开始搭建和运营行政公众号。根据

实际情况来看，企业行政公众号在效率提升和员工关怀等方面发挥了重要作用。那么，到底应该如何搭建和运营企业行政公众号呢？

一、明确行政公众号的定位

要明确行政公众号的定位，首先要清楚行政公众号的受众人群。一般来说，行政公众号的受众人群主要分为以下三类。

（1）第一类 C 端受众：本公司管理者和员工。

（2）第二类 C 端受众：本公司以外的其他职场人。

（3）B 端受众：同领域公司，尤其是竞品对手、服务商。

其次，要明确行政公众号的作用。一般来说，行政公众号的作用主要有以下三个。

（1）作为服务、活动及意见反馈工具。

（2）作为通知、服务发布平台。

（3）作为行政品牌、企业文化宣传渠道。

综合来说，行政公众号最基础的作用是作为服务工具和宣传窗口，让更多的员工了解行政服务；上升到最高层次，就是打造行政品牌，传播企业文化，留住现有员工，吸引更多人才，为企业创造更多的价值。

二、将行政公众号打造成服务工具

行政公众号自带的一些功能可以使其成为很好的服务工具。

1.行政公众号自动回复

（1）新关注自动回复

行政公众号的新关注自动回复内容有以下三个要点。

① 对关注表示感谢。

② 告诉员工"我"能为你做什么（提供什么内容或服务）；

③ 增加互动，如使用菜单、回复关键词或查看历史消息，从而获取内容或服务。

这里有一个小建议：一般新关注者为新员工，所以在新关注自动回复的关键词设置上应多考虑新员工需要了解的信息，如入职流程、新员工福利等。

（2）关键词回复

行政公众号的关键词回复需要注意以下三个要点。

① 数字是员工最方便回复的关键词，可设置回复数字获取相关内容。

② 如果需要以汉字回复，建议使用双音节词或企业内部耳熟能详的专有名词，使之更符合员工的输入习惯。

③ 根据实际需要设置回复内容，可以是文字、图片、音频或视频，可以为一

个关键词设置多条回复内容。

2. 自定义菜单

自定义菜单也是方便员工自主获取服务内容的渠道之一。它的设置规则是：可建 3 个一级菜单，每个一级菜单可建 5 个二级菜单。

建议在设置菜单之前，将行政日常服务分类，并将员工关注的内容以重要、次重要、一般的顺序进行设置。比如，第一个一级菜单为"员工工作生活指南"；第二个一级菜单为"公司活动、福利及行政最新服务措施"；第三个一级菜单为"行政团队介绍、联系方式及员工反馈通道"。

简单明了的菜单设置，可以有效地引导员工找到想查看的内容。这里的内容可设置为文字、图片、视频或音频，也可设置为网站或小程序。比如，某行政公众号的菜单内容涵盖了员工服务的方方面面，员工可以直接在菜单栏中找到固定内容，实用性很强。

3. 第三方工具

行政公众号可以引入第三方工具。例如，将自有 OA 的某个服务页面嵌入菜单，以便员工操作。

三、打造行政品牌，传播企业文化

受众在浏览行政公众号的同时也将企业风貌尽收眼底。可以说，行政公众号是企业向外界传递企业文化的重要窗口。想要打造行政品牌，行政公众号需要有趣、有内容、有态度；要想更好地传播企业文化，行政公众号的所有细节都要展现企业的核心文化。

1. 取辨识度高的名字

行政公众号的名称通常采用"企业名称＋行政＋地区"的形式，简单好记且辨识度高。大部分企业都是这么做的，如"网易北京行政""华为行政服务北京"等。

也可以根据企业的特点和行政部想要打造的品牌形象来起名，如小米的"最佳米公社"、第四范式的"范式田螺"等。

2. 打造个性突出的人设

行政公众号大部分文章的语言风格可以是亲切、调皮、体贴的，可适当搭配一些流行语，这会让这个虚拟人设与员工之间的距离更近。比如，丁香园行政公众号"丁香后花园"的部分文章署名"Panda"就是一个虚拟人设，这可以增强文章的对话感，让人设更有亲和力。

在运营行政公众号的过程中，人设可以一以贯之，文章留言、消息互动等都可以体现这个人设，让员工感觉到自己是在和真实的人沟通，而不是一个冷冰冰的平台，从而使其产生信任感。

3.输出多样化的内容，让行政公众号"活"起来

内容输出是重中之重，毕竟行政公众号只作为服务工具是远远不够的，一定要用内容发挥更新信息、传播企业文化的作用。

（1）内容规划

内容规划可以从时间频次和内容更新两个方面进行。

内容规划要点

规划方向	说明
时间频次	（1）每周更新几次，每次更新几篇文章 （2）在什么时间段更新 （3）每次更新什么内容
内容更新	（1）干货类，如新员工入职手册等 （2）资讯类，如企业装修进度、班车时间、空调使用等 （3）活动类，如员工生日会、年会、节日活动等 （4）人文类，如员工表彰大会、企业趣事等

可根据行政公众号的定位确定内容更新的方向，然后确定更新的频次和时间，如每周的菜单、下午茶更新，每个节日的节日祝福更新，每月员工生日会等其他活动的采编记录更新等。

（2）内容形式

除了常见的图文，还有视频、音频等形式，可以在能力范围内尽可能展示多样化的内容，让文章的趣味性更强。

（3）内容素材

行政公众号应该更新什么内容要根据其定位来规划。内容素材主要有以下几类。

行政公众号内容素材

素材类型	说明
热点	行政公众号不需要追踪社会热点，除非是与己相关的，这里的热点主要是指"营销日历"的事件，即与企业相关的内容，如企业阶段性业务成就等
员工反馈信息	可利用行政公众号的新关注自动回复或自定义菜单来搭建员工反馈机制，促进行政部与员工之间的信息流通，定期及时收集员工的痛点并进行集中处理，鼓励员工建言献策。这不仅可以降低投诉率，还能增强行政部的亲和力和影响力

（续表）

素材类型	说明
招聘需求	每一位员工都是一个招聘内推的渠道。现在很多企业的行政公众号都有与招聘相关的菜单，或者会不定期地发布招聘文章，鼓励大家进行转发
节日福利分享	员工生日会的复盘、各种节日的记录、年会的精彩瞬间等都可以成为行政公众号文章的内容素材，这不仅是对行政工作的复盘，也帮助大家记录了职场生活的点滴
实用功能指南	如班车路线、食堂菜单、新员工入职流程、访客接待流程、如何预约会议室等。行政工作中遇到的各种问题都可以总结为方法论，然后作为公众号文章的内容素材
企业故事分享	如职场趣事、员工事迹、加班故事、领导语录等

每天的工作内容、员工福利、年会方案、员工故事等都可以成为文章的内容素材。只要是立足于企业文化、符合企业的价值观的内容，都可以作为行政公众号的内容素材。

4. 形成项目或活动的宣传闭环

整个项目或活动的宣传闭环如下图所示。每一个环节都可以融入行政品牌和企业文化，不同维度、不同深度、不同形式多管齐下，定能深入人心。

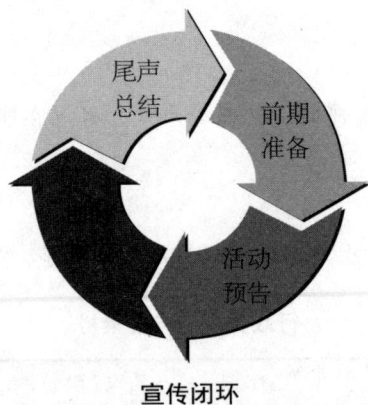

宣传闭环

（1）前期准备工作可增加员工调研内容，方便活动调整及物料收集。

（2）活动预告可将项目或活动拆分为多个部分，为整体做多重造势；使用不同层次的内容，不会对员工产生阅读压力。

（3）项目或活动高潮期的即时报道可是多方面、多角度的，内容可以是活动主题、现场花絮、参与者等，形式可以是文字、图片或视频等。

（4）尾声总结要提升高度。

5. 简单易懂的文案加上精致的图片

（1）10 个字能说明白，就不要用 20 个字。抛去繁复的修饰性词语，口语化、简单化的文字通俗易懂，往往也更有力量。

（2）除了简单、有力量的文字，精致、有故事感的图片也能有效地传达情感，增强员工对企业文化的认知和对企业的归属感。

（3）风格统一、漂亮的封面除了能够吸引员工点击，还能将行政品牌调性潜移默化地根植于员工及其他受众的心中。

6. 内容排版

排版与内容同样重要。在排版时要注意以下几点。

（1）文章的整体色调和风格统一，图片清晰。

（2）善用样式，多图搭配，吸引受众，引起阅读兴趣。

（3）文章的整体布局层次分明、便于阅读，留白恰到好处。

（4）做好文章开头的引导图片、文中标题与分割线样式、文末品牌露出图或二维码引导关注图的设计。

环节 12   日常安全管理

安全管理是生产经营管理的重要组成部分，其目的是保护职工在生产活动中的安全与健康，获得最佳经济效益，创造良好的工作秩序及生产环境。

日常安全管理要点如图 12-1 所示。

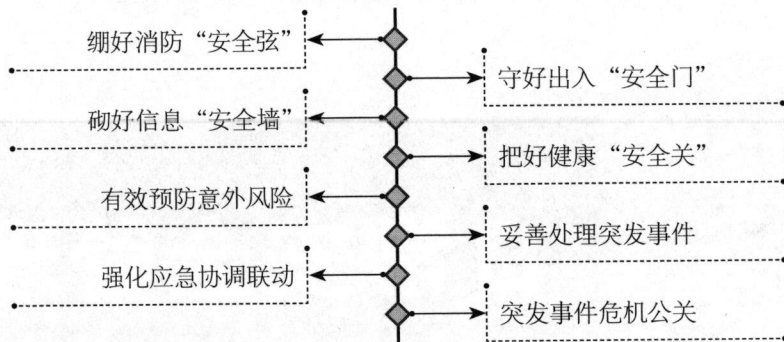

绷好消防"安全弦"

砌好信息"安全墙"

有效预防意外风险

强化应急协调联动

守好出入"安全门"

把好健康"安全关"

妥善处理突发事件

突发事件危机公关

图 12-1　日常安全管理要点

细节65：绷好消防"安全弦"

在组织生产经营过程中，消防安全管理的重要性不容小觑，只有确保安全生产，组织才能实现健康发展。

（一）建立并完善消防安全管理制度

建立消防安全管理制度，是为了科学规范地指引消防安全管理工作，并对内部相关部门及人员的行为进行严格约束，不断提升消防安全管理工作成效。要以制度的形式明确消防安全管理工作流程、工作内容、工作方式等，并在管理制度中确立消防工作管理部门的责任，要求相关部门严格按照制度实施消防安全管理工作。

在具体工作的实施过程中，还要及时做好信息反馈工作，组织领导应根据反馈信息做出科学的指导。要建立并完善管理制度，使本组织的消防安全管理逐步正规化，更好地消除内部的消防安全隐患，这对消防安全管理工作整体成效的提升有重要的作用。

（二）制定消防安全管理台账

行政部在更新和完善消防安全管理制度并进行全员通知及公告后，还要将消防安全管理工作落地，因此建立监管机制必不可少，具体手段是制定消防安全管理台账。

在制定消防安全管理台账时需要记录图 12-2 所示的内容。

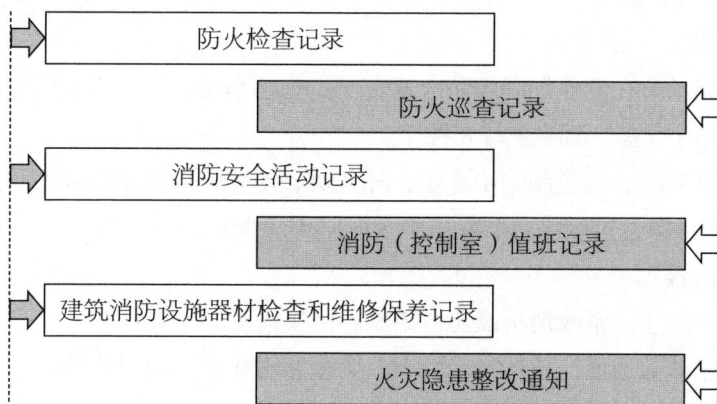

图 12-2　消防安全管理台账记录的内容

安全管理工作应遵守图 12-3 所示的原则。

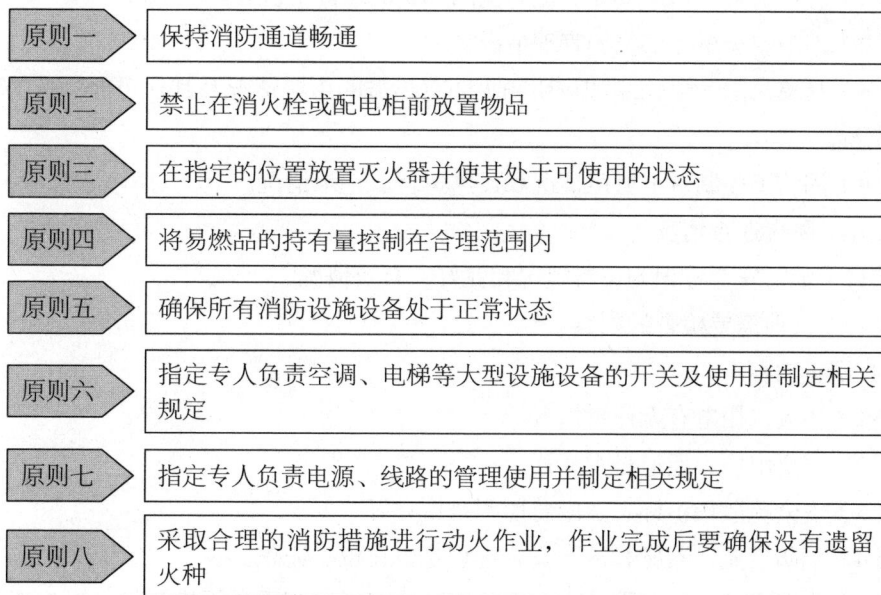

图 12-3　安全管理工作应遵守的原则

（三）明确检查和巡查要求

行政部应当根据组织性质和火灾危险性确定检查和巡查的人员、频次、部位和内容。

1. 检查频次

通常情况下，机关、团体、事业单位应当至少每季度进行一次防火检查，其他组织应该至少每月进行一次防火检查。

2. 巡查频次

公众聚集场所在营业期间的防火巡查至少每两小时进行一次；营业结束时应当对营业现场进行检查，消除遗留火种。

医院、养老院、寄宿制的中小学、托儿所、幼儿园应当加强夜间防火巡查，其他消防安全重点单位可以结合实际组织夜间防火巡查。

3. 检查内容

（1）火灾隐患的整改情况及防范措施的落实情况。

（2）安全疏散通道、疏散指示标识、应急照明和安全出口情况。

（3）消防车通道、消防水源情况。

（4）灭火器材配置及有效情况。

（5）用火、用电有无违章情况。

（6）重点工种人员及其他职工对消防知识的掌握情况。

（7）消防安全重点部位的管理情况。

（8）易燃易爆危险物品和场所防火防爆措施的落实情况及其他重要物资的防火安全情况。

（9）消防（控制室）值班情况和设施运行、记录情况。

（10）防火巡查情况。

（11）消防安全标识的设置情况和完好、有效情况。

（12）其他需要检查的内容。

4. 巡查内容

（1）用火、用电有无违章情况。

（2）安全出口、通道是否畅通。

（3）安全疏散指示标志、应急照明是否完好。

（4）消防设施、器材和消防安全标识是否在位、完整。

（5）常闭式防火门是否处于关闭状态，防火卷帘门下是否堆放物品影响使用。

（6）消防安全重点部位的人员在岗情况。

（7）其他消防安全情况。

（四）配备基本消防设施

基本消防设施如下。

（1）室内消火栓及喷淋系统。

（2）室外消火栓（用于向消防车紧急供水，任何人不得私自动用）。

（3）灭火器（包括手提式、推车式、悬挂式等）。

（4）防毒面具、应急电筒（应急使用）。

（5）安全出口指示灯。

（6）烟感、温感报警器。

（7）应急照明灯（壁挂式）。

（8）火警手动报警器。

（9）事故广播。

（10）禁止标识。

（11）消防服、隔热服。

（12）消防宣传栏。

（五）加强与当地消防部门的联系

行政部在做好内部管理的同时，也要与相关部门紧密联系，获得更多的政策性、技术性指导，不断完善消防安全制度和消防设施建设，杜绝火灾隐患。

（六）组织消防安全宣传、培训和演练

1. 消防安全宣传

为了加强消防安全宣传，可利用过道电视和 LED 显示屏滚动播放安全提示，在单位公告栏张贴消防安全宣传画。

2. 消防安全培训

行政部应该制订具体的培训计划，每季度至少组织一次消防安全培训，并制定相应的考核标准。通过讲解国家法律法规、产生火灾事故的原因、火灾事故应急处理流程、灭火器材种类与使用方法，以及如何预防火灾等基本知识，可以帮助职工掌握消防安全知识、提升相关技能，同时增强其责任意识。

> 在组织消防安全知识培训的时候往往会请消防员来讲解、展示消防车及其他消防设备的种类、功能，以及示范消防设备的使用方法。

小提示

3. 消防安全演练

组织消防安全演练是增强职工消防安全意识的有力措施。行政部应定期组织消防安全演练，模拟可能发生的各种火灾事故，培养职工的应急反应和处理能力。

此外，行政部还应邀请专业的消防员进行现场指导。通过消防演练，职工可有效地掌握消防安全知识和技能，更好地保障消防安全。

细节66：守好出入"安全门"

为了维持正常的工作秩序，确保职工和组织财产的安全，行政部可从以下几个方面抓好秩序安全管理。

（一）职工出入

（1）职工佩戴识别证（如工作证、厂牌等）方可进入。

（2）职工未佩戴识别证时，经保安人员查明身份及履行登记手续后方可进入。

（3）迟到、早退或请假者，须打出勤卡或退勤卡。

（4）职工应在上班时间内进入生产区，节假日或下班后禁止职工进入生产区。

（5）因公加班需在休息时间进入生产区者，应提供单位主管签署的证明材料。

（6）职工夜间加班或节假日加班时也须遵守以上出入规定。

（7）职工陪同亲友进入单位时须办理登记手续。

（8）下属单位职工（或分公司员工）和协作单位职工进入时须办理登记手续。

（二）来宾出入

（1）来宾（包括协作单位人员、职工亲友等）进入时，需在传达室办理来宾出入登记手续，出示身份证或其他证明文件，并说明来访事由，经受访人员同意及填写会客登记单后，领取来宾识别证，并持会客登记单第二联进入。

（2）来宾将来宾识别证佩挂在胸前，受访人员需在会客登记单上签字，来宾将来宾识别证及会客登记单交还给传达室核对后，方可退回证件。

（3）团体来宾参观时，由有关部门陪同方可进入。

（4）协作单位人员出入生产区频繁者，由有关部门申请识别证；协作单位人员凭识别证出入；没有识别证的，办理登记后方可进入生产区。

（5）来宾出入生产区时，保安人员须检查其随身携带的物品，严禁携带危险物品进入生产区。

（6）严禁外界推销人员进入。

（三）车辆出入

（1）机动车驶入大门后，应整齐停放在停车场。

（2）运送货品的机动车辆可慢行驶入生产区卸货。载物品出生产区者须慢行。

（3）车辆驶入时，相关人员应接受检查及办理进入手续，将车停在指定位置。

（4）车辆离开时，无论外单位公务人员车辆还是职工车辆，均要停车接受检查，若载有物品，需出示物品放行单（见表 12-1）。没有物品放行单的，不得载运任何物品（含私人物品）离开。

表 12-1　物品放行单

物品名称		数量	
携出人姓名 （或厂商名）		携出时间	年　月　日　时　分
携出理由			
备注		管理部保安登记	
单位 主管		科长	组长	申请人

（四）物品出入

（1）将任何物品（包括成品、材料、废料、员工私人物品、工具等）带出时均须填写物品放行单。

（2）保安人员仔细核对物品放行单上记载的内容是否与实物相符。

（3）物品放行单由有关部门填写后送行政部核批。

（4）工程承包者、协作单位及其他业务往来单位或个人携带的工具、机器或其他物品进入时先做登记，带出时凭登记单经核对无误后方可带出。

（5）物品进入时，保安人员须仔细检查，如发现易爆品、易燃品、有毒物品等，须禁止进入并立即报告上级处理。

（6）保安人员每天将物品放行单送行政部备查。

细节67：砌好信息"安全墙"

做好信息安全管理是为了保障信息系统能够正常、安全地支撑业务运行，确保信息系统不会遭到有意或无意的滥用。信息安全管理工作要点如图 12-4 所示。

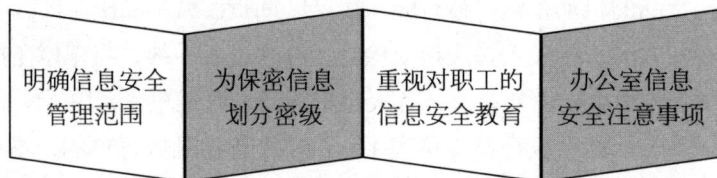

图 12-4　信息安全管理工作要点

（一）明确信息安全管理范围

根据组织的性质，界定属于秘密的信息，重点进行信息安全管理，一般范围如下。

（1）尚未公开的重大决策，尚未付诸实施的经营战略、规划等。

（2）内部掌握的合同、协议、意向书及可行性报告、重要会议记录。

（3）财务预决算报告及各类财务报表、统计报表。

（4）单位所掌握的尚未进入市场或尚未公开的各类信息。

（5）职工人事档案、工资及劳务收入资料等。

（二）为保密信息划分密级

（1）将信息密级分为绝密、机密、秘密。

（2）保密文件应当标明密级、保密期限、保密标识和密件保管人。

（3）对于不同密级的信息，须规定可获取信息的人员范围，具体如图 12-5 所示。

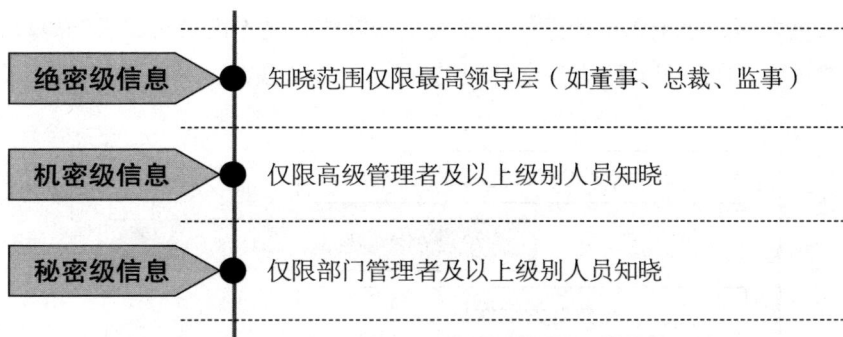

图 12-5　可获取不同密级信息的人员范围

（三）重视对职工的信息安全教育

开展信息安全教育的目的是让职工认识到信息安全的重要性，具体内容包括签署保密协议、讲解制度及规则、进行信息安全实践，张贴信息保密规定及宣传画等。要让职工做到不该问的不问、不该说的不说、不该看的不看。

（四）办公室信息安全注意事项

（1）办公计算机。办公计算机应设置开机密码，不得使用默认开机密码；不用计算机时应进行锁屏；涉密计算机不得用外部网络、不得使用自动存储设备；涉密信息须加密。

（2）职工办公位、办公室。禁止在桌面上随意摆放保密文件，保密文件须使用文件袋等密封，离开座位时须将保密文件放入加锁的抽屉或柜子。

（3）会议室。会议结束后，重要会议资料、白板上的文字、重要事项的讨论稿等均应妥善处理；会议室应选择隔音效果好的房间。

（4）文印间、打印区。打印的资料应及时取回；条件允许的话，可以使用保密打印系统，职工在打印机上刷卡后方可进行打印。

（5）前台区域。通信录、重要文档资料应妥善保管，离开座位时须将重要文件放入柜中并锁好。

（6）垃圾筐。禁止随意丢弃保密文件或保密文件形成过程中的中间版本文件。

细节68：把好健康"安全关"

职业安全与健康关乎职工的切身利益，同时也对组织和社会有一定的影响。组织要想长远发展，必须保障职工的职业安全和健康，这不仅是对职工的尊重，也是对社会的负责。职工职业健康安全管理措施如图 12-6 所示。

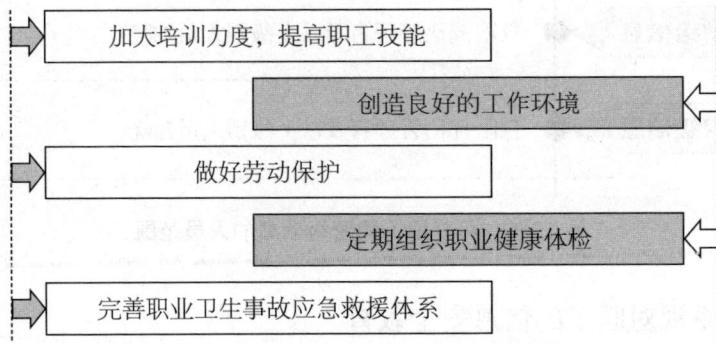

图 12-6　职工职业健康安全管理措施

（一）加大培训力度，提高职工技能

职工通过参加安全生产培训，可以了解安全生产标准流程、方法及具体要求等，有针对性地提升自身的技能。在培训结束后，可对职工进行考核。考核标准就是安全生产标准的具体要求。

（二）创造良好的工作环境

创造良好的工作环境可以减少或消除恶劣工作条件给职工带来的不便。在强调安全的同时，组织还应尽可能通过增加投入和改进技术、设备等手段，努力改善工作条件和环境，全面研究工作场所的职业病风险，提高个人防护产品分配标准，筑好保护职工健康的最后一道防线。要为职工提供舒适的工作场所，使他们能够适应工作环境，提高工作安全性和舒适性。

（三）做好劳动保护

劳动保护是指在生产过程中，为保证职工的安全与健康，改善劳动条件，防止职业病和工伤事故所采取的一系列措施。下面主要介绍行政部参与度较高的劳保用品的管理。

1. 劳保用品的配备

（1）根据工作需要，为职工配备日常劳保用品，保持一定的库存，以确保及时更换。

（2）非日常工作所需的特殊劳保用品也应准备。

（3）组织培训，让职工熟练掌握劳保用品的使用方法。

（4）低值易耗劳保用品要确保充足，可长久使用的劳保用品要保持一定的库存。所有个人的劳保用品必须注名标示。

2. 穿戴劳保用品的强制执行措施

（1）在特定区域穿戴劳保用品以完成特定任务的要求须强制执行，违反规定者将受到纪律处分。

（2）用劳保用品做不合法或不符合劳保用品本身用途的行为，同样要受到纪律处分。

相关链接

《用人单位劳动防护用品管理规范》节选

......

第二条　本规范适用于中华人民共和国境内企业、事业单位和个体经济组织等用人单位的劳动防护用品管理工作。

第三条　本规范所称的劳动防护用品，是指由用人单位为劳动者配备的，使其在劳动过程中免遭或者减轻事故伤害及职业病危害的个体防护装备。

第四条　劳动防护用品是由用人单位提供的，保障劳动者安全与健康的辅助性、预防性措施，不得以劳动防护用品替代工程防护设施和其他技术、管理措施。

第五条　用人单位应当健全管理制度，加强劳动防护用品配备、发放、使用等管理工作。

第六条　用人单位应当安排专项经费用于配备劳动防护用品，不得以货币或者其他物品替代。该项经费计入生产成本，据实列支。

......

第十二条　同一工作地点存在不同种类的危险、有害因素的，应当为劳动者同时提供防御各类危害的劳动防护用品。需要同时配备的劳动防护用品，还应考虑其可兼容性。

劳动者在不同地点工作，并接触不同的危险、有害因素，或接触不同的危害程度的有害因素的，为其选配的劳动防护用品应满足不同工作地点的防护需求。

第十三条　劳动防护用品的选择还应当考虑其佩戴的合适性和基本舒适性，根据个人特点和需求选择适合号型、式样。

第十四条　用人单位应当在可能发生急性职业损伤的有毒、有害工作场所配备应急劳动防护用品，放置于现场临近位置并有醒目标识。

用人单位应当为巡检等流动性作业的劳动者配备随身携带的个人应急防护用品。

第十五条　用人单位应当根据劳动者工作场所中存在的危险、有害因素种类及危害程度、劳动环境条件、劳动防护用品有效使用时间制定适合本单位的劳动防护用品配备标准。

第十六条　用人单位应当根据劳动防护用品配备标准制订采购计划，购买符合标准的合格产品。

第十七条　用人单位应当查验并保存劳动防护用品检验报告等质量证明文件的原件或复印件。

第十八条　用人单位应当按照本单位制定的配备标准发放劳动防护用品，并做好登记。

第十九条　用人单位应当对劳动者进行劳动防护用品的使用、维护等专业知识的培训。

第二十条　用人单位应当督促劳动者在使用劳动防护用品前，对劳动防护用品进行检查，确保外观完好、部件齐全、功能正常。

……

第二十二条　劳动防护用品应当按照要求妥善保存，及时更换，保证其在有效期内。

公用的劳动防护用品应当由车间或班组统一保管，定期维护。

第二十三条　用人单位应当对应急劳动防护用品进行经常性的维护、检修，定期检测劳动防护用品的性能和效果，保证其完好有效。

第二十四条　用人单位应当按照劳动防护用品发放周期定期发放，对工作过程中损坏的，用人单位应及时更换。

第二十五条　安全帽、呼吸器、绝缘手套等安全性能要求高、易损耗的劳动防护用品，应当按照有效防护功能最低指标和有效使用期，到期强制报废。

（四）定期组织职业健康体检

每年制订职工职业健康体检计划，委托具有相应资质的机构对接触各种职业病危害因素的职工进行职业健康体检，体检率应达到 100%，复查率应达到 100%。对接触职业病危害因素的在岗职工进行周期性的健康体检，了解职工的身体状态，评价其健康状态的变化情况，并及时把结果反馈给职工，将职业禁忌人员调离禁忌岗位，预防职业病的发生。

（五）完善职业卫生事故应急救援体系

行政部要建立职业卫生事故应急救援组织，为其配备应急救援的基本装备，完善应急救援体系，制定应急救援预案，会同相关部门定期进行应急救援培训与演练。

细节69：有效预防意外风险

生活中、工作中意外事故时有发生，一旦发生，将会严重威胁职工的安全，而科学、全面的防范措施可以减少意外事故带来的伤害。

（一）普及急救知识，培训急救技能

俗话说："宁可备而不用，不可用时无备。"安全工作是生产经营工作的重中之重。只有做好涉及安全的方方面面工作，才能确保安全生产。向职工普及急救知识、培训急救技能就是织密、织牢安全网的具体体现。让所有职工都能够掌握人工呼吸、胸外心脏按压、外伤止血包扎、骨折判断和简单固定等应急救护措施，就能在意外发生时争取宝贵的救援时间，维护职工生命健康安全。

（二）配备急救设备

当突发事件发生时，急救是很重要的。对于心源性猝死的急救，"黄金四分钟"至关重要，如果超过 10 分钟再进行急救，患者获救的机会非常渺茫。

越来越多的组织开始配备急救设备，并向职工普及应急救护知识、培训急救技能。组织可提前部署自动体外除颤器（Automated External Defibrillator, AED），提前制定应对突发事件的应急方案，减少意外风险的发生，为职工的健康安全提供保障。

> 每一个生命的背后是一个家庭，挽救一条危在旦夕的生命，就是挽救一个家庭。从企业发展而言，关心职工生命健康，不仅体现了企业的责任感，也能为企业自身的长远发展打下良好基础。

小提示

企业配置AED

作为一种便携式急救设备，AED 是公共场所的"标配"。那么，企业是否有必要配置呢？答案是肯定的。

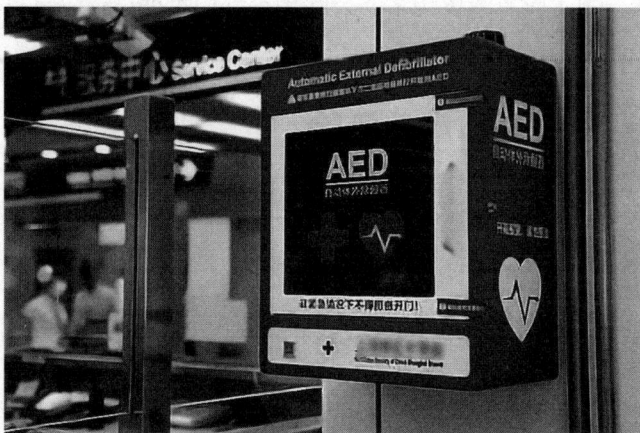

公共场所配置的 AED

AED 是一种能够自动识别心律和施以电击的设备，可用于突发心脏病患者的急救。在紧急情况下，AED 可以挽救生命。

AED 能够及时应对突发心脏病，挽救患者的生命。据统计，心脏病是员工最常见的突发疾病之一，特别是在高压、高强度、高精度的工作环境中，更容易突发心脏病。若事先没有配置 AED，急救中断或到医院的时间过长等均会导致患者死亡率上升。在企业中配置 AED，不仅有利于快速处置突发疾病，也有利于减少伤亡损失。

AED 能够提升企业形象。企业通过配置 AED 可以树立专业、贴心和关心员工健康的形象。这会使员工更加信任企业，进而提高企业的美誉度。

综上所述，AED 对企业员工健康管理的重要性不容忽视。在现代商业中，员工是企业运行的核心，而员工的健康安全十分重要。因此，企业应该积极配置 AED，开展预防急救工作，提高员工的健康水平和医疗保障程度，持续为员工提供高品质的工作环境和健康服务，展示企业的社会责任感，并获得员工和社会的高度认可。

细节70：妥善处理突发事件

行政部处理事务时遇到突发状况是常有的事情。只有具备出色的应急能力并建立完善的应急预案制度，才能控制事态的发展。

顾名思义，应急预案就是在突发事件发生时用于应急处理事件的解决方案。

（一）突发事件处理原则

完整的应急预案必须明确突发事件处理原则。

突发事件处理原则如图 12-7 所示。

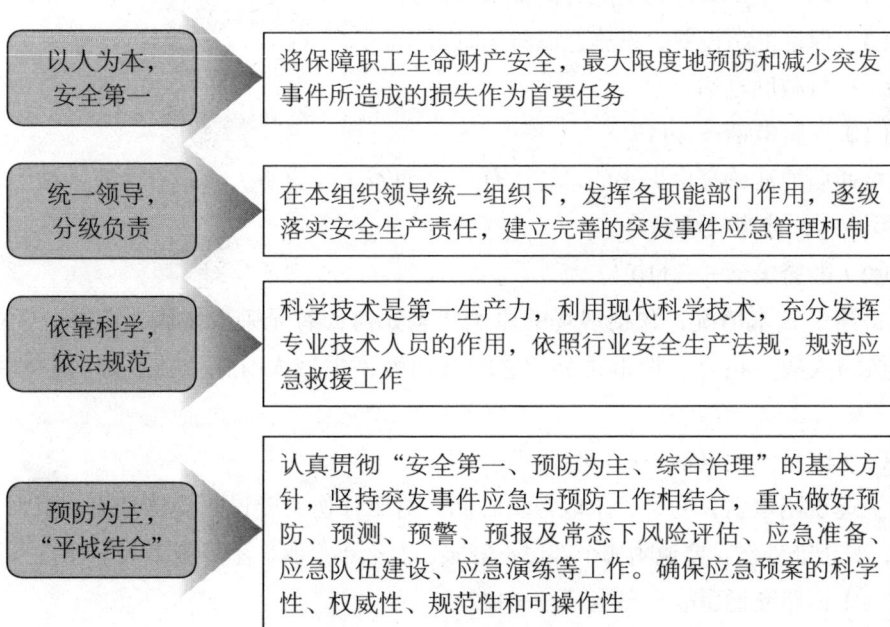

以人为本，安全第一	将保障职工生命财产安全，最大限度地预防和减少突发事件所造成的损失作为首要任务
统一领导，分级负责	在本组织领导统一组织下，发挥各职能部门作用，逐级落实安全生产责任，建立完善的突发事件应急管理机制
依靠科学，依法规范	科学技术是第一生产力，利用现代科学技术，充分发挥专业技术人员的作用，依照行业安全生产法规，规范应急救援工作
预防为主，"平战结合"	认真贯彻"安全第一、预防为主、综合治理"的基本方针，坚持突发事件应急与预防工作相结合，重点做好预防、预测、预警、预报及常态下风险评估、应急准备、应急队伍建设、应急演练等工作。确保应急预案的科学性、权威性、规范性和可操作性

图 12-7　突发事件处理原则

（二）明确责任人

只有明确责任人，才能确保在突发事件发生时，相关人员能在第一时间处理和应对。

1. 最终责任人及其职责

组织领导是突发事件应急管理工作的最终责任人，负责组织特别重大、重大和较重大突发事件的应急管理工作。

2. 常设管理机构及其职责

应急管理工作的常设管理机构是行政部，负责各项安全制度、突发事件应急预案的制定与落实等工作。

（三）预防与通报

1. 事故预防措施

（1）建立健全各项规章制度，落实安全生产责任。

（2）定期进行安全检查，强化安全生产教育。

（3）车间、库房加强通风，完善避雷设施。

（4）采用便捷有效的消防、治安报警措施。

（5）保证消防设备、设施、器材随时可用。

2. 拨打救助电话

（1）火警电话——119

接通后要准确报出失火的地点、什么东西着火、火势大小、有没有人被困、有没有发生爆炸或毒气泄漏等。

（2）匪警电话——110

讲清楚基本情况，包括现场的原始状态如何，有无采取措施，犯罪分子或可疑人员的人数、特点、携带物品和逃跑方向等，报警人所在位置、姓名和联系方式等。

（3）医疗急救电话——120

快速说出病情，为患者争取宝贵时间。对于外伤，要说明受伤时间、原因、部位等；对于非外伤，要说明哪个部位不舒服、怎么不舒服、不舒服多久了等。

（4）道路交通事故报警电话——122

简明扼要地说明交通事故情况，如时间、地点，交通事故形态，肇事双方车辆车型、车牌号码，现场是否有人受伤，车辆是否运载危险物品，事故车辆能否移动、是否起火等，报警人姓名、联系方式等。

以下为一份某公司突发事件应急预案范本，仅供参考。

范本

某公司突发事件应急预案

1. 总则

1.1 编制目的

为保障公司员工生命安全和公司财产及公共安全,依据《××××应急预案》等相关预案,结合公司住所环境因素与重大危险源情况,特制定本预案。

1.2 适用范围

本预案适用于公司范围内,由公司行政部组织实施或公司协助有关部门和单位应对各类突发公共事件的预防和处置。

1.3 预案体系

预案体系主要由灾害性天气应急行动方案、突发公共卫生事件应急行动方案、火灾事故应急行动方案、公司公共设施安全事件应急行动方案、突发群体性事件应急行动方案、公司刑事治安案件应急行动方案、交通事故应急行动方案组成,可依据公司应急管理工作需要,增加相关方案。

1.4 工作原则

坚持以人为本、预防为主、及时报告、先期处置、相互配合、协同应对、公众参与的原则,切实保障公司员工生命安全和公司财产及公共安全。

2. 公司应急工作状况

2.1 组织力量

公司内部决策机构为核心管理团队,突发事件处理专职部门为行政部。

2.2 应急救援力量

公司现有应急救援车辆3台,应急救援志愿者20人,保安2人。

2.3 应急保障设施设备

避灾场所:公司中心广场300平方米,能容纳400余人。

紧急通知:公司自有广播系统,可以将紧急信息通知覆盖到整个厂区。

3. 组织体系

3.1 指挥协调机构

成立以公司总经理为组长,营销经理和生产经理为副组长,行政部、保安室、各部门负责人为组员的公司应急领导小组。

3.2 公司应急领导小组职责

分析风险、排查隐患、监测预警和报告信息；组织先期处置，协调、配合相关部门和上级应急队伍实施救援行动；撤离、安置受灾人员；组织宣传教育和培训演练；指挥、协调应急管理工作。

3.3 成员职责

3.3.1 行政部

行政部全面负责公司突发事件的预防和处置。具体职责是：负责公司应急预案的拟制和修订，组织风险分析、隐患排查，制定各项预防措施，负责突发事件的监测、预警和信息报告，组织开展公司应急宣传教育和培训演练。

3.3.2 保安室

保安室协助开展公司安全防范活动，接受员工的求助。

3.3.3 各部门负责人

各部门负责人负责公司安全防范和公司秩序维护，组建应急队伍，协助和引导专业应急救援力量开展应急救援。

4. 预防与预警机制

4.1 信息监控和执勤

公司由保安实行 24 小时监控，密切关注公司安全。

公司应急领导小组成员随时接收上级的报警信号和相关信息，并随时关注公司广播发布的突发公共事件预警信息。

4.2 信息报送

4.2.1 信息报送要求

最早发现或接到紧急信息的个人在第一时间拨打 110、119、120 及其他报警电话，同时向公司应急领导小组报告。接到情况报告后，公司在组织先期处置的同时迅速通报相关部门和单位，及时查明事件详情，尽快将信息报送园区办公室和有关部门。

4.2.2 信息报送内容

（1）事件发生的基本情况，包括时间、地点、规模、涉及人员、破坏程度及人员伤亡情况。

（2）事件发生起因分析、性质判断和影响程度评估等事项。

4.2.3 信息报送方式

采取电话、网络等方式，将突发公共事件信息报送上级机关和有关部门。

4.3 预防预警

保安室在监控到情况后及时将预警信息报告给公司应急领导小组。

公司不定期召开例会，总结分析公司安全工作情况，提出安全工作的指导意见和要求，并及时在公司宣传栏中发布有关信息。

对于没有明显征兆的事件，可通过公告进行预警。

5. 应急响应

5.1 灾害性天气应急行动方案

5.1.1 预警预防

灾害性天气是指气象局等相关部门发布高温、防汛、雷电、冰雹等橙色及以上级别预警信息的天气。

灾害性天气的预警以上级通知为主，结合广播、电视、报刊、网络发布的信息，由公司工作人员或值班人员负责接收。

在接到预警信息后，公司再次检查和补充需提前准备的食品、药品及有关物资、器材、设备，并通知员工做好防灾准备。

5.1.2 信息报送

公司应急人员在获知预警信息后迅速报告应急领导小组。

5.1.3 应急处置

（1）接到预警报告后，公司行政部进行判定，并做出相应的处置。

（2）如果属于造成交通不便、易引发交通事故、员工上下班途中易发生生命安全事故的天气，行政部视具体情况发布预警，通知每一位员工，必要时公司实行调休机制，错开灾害性天气上班时间。

（3）如果将发生大暴雨或持续性强降雨，行政部需组织人员疏通排水口及检查相应的设施，对相关器械材料如应急灯、雨衣、雨靴等进行检查。

（4）遇排水口堵塞、道路严重积水时，行政部组织自有力量或外请专业人员疏通排水口；遇行道树、广告牌或房屋构筑物倒塌时，由行政部统筹处置。

5.1.4 善后工作

公司保洁人员做好环境卫生清理打扫；公司行政部对受水浸泡的地方进行消毒防疫；对小区行道树、临时设施、电源线路和排水系统等进行检查，排除险情和隐患。

5.2 突发公共卫生事件应急行动方案

5.2.1 突发传染病事件应急行动方案

（1）预警预防。

突发传染病事件的预警以上级主管部门通知为准，由公司行政部负责接收信息。

（2）信息报送。

行政部发现公司内有疑似病情后，迅速报告疾控中心，等待确认。行政部获知突发传染病事件的预警信息后，须在第一时间报告应急领导小组组长，并根据组长指示，将此信息通报至公司各部门。

（3）应急处置。

① 公司收到突发传染病事件的预警信息后应停止一切大型集体活动，做好初步预防准备（如消毒、备足药品物资等）。

② 行政部负责向员工发布病情警报，及时告知病情、感染源、防护措施，及病情发展、控制情况。

③ 由公司应急领导小组组长负责，各部门主管协助，做好员工和疑似患者的思想工作，进行安抚慰问，确保员工情绪稳定。做好突发性传染病防治的宣传工作和有关信息的收集、汇总，把传染病防治资料发放到每一位员工手上。

④ 行政部负责带领公司保安设置警戒区域，维护现场秩序，疏通道路，引导救护车辆，劝离围观人员。

⑤ 应急领导小组组长负责公司疾病预防和消毒的技术指导。

⑥ 行政部配合卫生、公安部门逐个落实疑似患者及与疑似患者密切接触者；根据情况，让疑似患者立即戴防护口罩、手套，观察病情，对症处理，或者根据需要采取就地隔离和医学观察措施等措施（工作人员穿好防护服，戴口罩、手套等，做好个人防护）。

⑦ 公司行政部负责 24 小时轮流值守，接收、传递和上报病情信息，与应急领导小组组长保持信息沟通。病情信息有网络直报要求的，按规定执行。

（4）善后工作。

公司应急领导小组组长根据上级要求，通知员工病情解除、隔离区撤除，对隔离区进行现场消毒、清理。

5.2.2 突发工伤、急病事件应急行动方案

（1）当公司工作人员发现或接到员工工伤，突发疾病，三人以上出现腹泻、呕吐等症状的情况报告后，情况紧急的，应立即拨打 120 请求救助，或者立即通知行政部派车将员工送往公司附近医院。如果出现多人中毒、腹泻、呕吐等症状，在救助的同时应视情况立即报告相关部门。

（2）发生工伤事故的，行政部需分析原因，并督促完成整改。

（3）发生三人以上腹泻、呕吐等疑似中毒事故时，行政部应配合上级主管部门的调查工作。

5.3 火灾事故应急行动方案

（1）行政部定期组织消防安全设备检查，定期和不定期排查安全隐患，检查消防管线、供水、消火栓、灭火器和逃生器材，按职责范围和要求及时更新补充。

（2）公司接到火警报告后第一时间拨打 119，同时报告公司应急领导小组。

（3）公司应急领导小组组长负责现场指挥，引导员工疏散和撤离火灾现场，并拉好警戒线，等待消防人员到来。

（4）火被扑灭后，公司应急领导小组负责检查余火，做到不留死角。

（5）应急领导小组组长带领成员赴现场做好事故伤亡人员亲属的安抚、慰问工作，妥善处理各种善后事宜，配合相关部门进行事故调查，尽快恢复公司秩序。

5.4 公司公共设施安全事件应急行动方案

公司公共设施安全事件是指停电、停水等突发事件。

5.4.1 突发停电事件应急行动方案

（1）突发停电后，行政部立即拨打电力公司 24 小时服务电话。

（2）行政部在 20 分钟内将相关情况和公司决定通报至公司各部门。

（3）公司各部门负责人督导部门员工关闭设备。

（4）行政部配合电力公司技术人员对电力线路进行检查和维修。

5.4.2 突发停水事件应急行动方案

（1）公司发现停水后，行政部立即拨打自来水公司电话。

（2）属于工业区或公司内管道问题的，行政部协助自来水公司技术人员进行检查和维修。

（3）如停水时间较长，行政部应向自来水公司申请送水支援，并获得水车到达的确切时间。

（4）公司应急领导小组成员负责告知员工停水原因、停水时间及送水车到达时间、地点等，并要求员工关紧水龙头。

（5）行政部详细记录事件始末时间、发生原因、应对措施及造成的损失，向公司最高管理者报告。

（6）行政部需注意日常用水的储备，以备短期用水之需。

5.5 突发群体性事件应急行动方案

5.5.1 预警预防

（1）预警信息。

出现不稳定事端和群体性事件苗头，但尚处于酝酿过程；发生在单位内部的、表达共同意愿的聚集事件，但尚未发生行凶伤人、扣押有关人员或打、砸、抢、烧等违法行为；其他由内部矛盾引起、尚未出现过激行为、有关主管部门已在现场化解矛盾的群体性行为。

（2）预警行动。

接到预警信息后应迅速核实情况，若情况属实，行政部应迅速组织开展先期处置，控制事态发展。

5.5.2 信息报送

事件发现人（信息第一接收人）须在第一时间报告应急领导小组组长。

5.5.3 应急处置

（1）行政部做好事故的报警、报告及各方面的联络沟通，并通知有关人员立即赶赴现场。

（2）行政部组织人员有序疏散，疏通道路，劝退围观人员。

（3）行政部组织公司人员协助上级有关部门对行凶伤人、斗殴的人员进行说服、教育，了解起因，缓和情绪，化解矛盾，平息事态。

（4）行政部负责组织公司人员对受伤人员实施初步救治，严重受伤的应安排车辆送往医院。

5.5.4 善后工作

行政部负责做好事故伤亡人员亲属的安抚、慰问工作，配合上级部门进行事故调查，尽快恢复正常的生产秩序。

5.6 公司刑事治安案件应急行动方案

（1）当保安或公司员工发现员工或公司的财产被盗、被抢等情况后，当即拨打110或当地派出所报警电话，同时报告公司应急领导小组组长。

（2）抓捕犯罪嫌疑人时要注意自身安全，注意犯罪嫌疑人是否有凶器。

（3）保护案发现场，迅速、及时封锁警戒，不留新痕、不毁旧痕。

（4）抓获的犯罪嫌疑人须及时送交公安机关，并注意保存违法犯罪证据。

5.7 交通事故应急行动方案

（1）行政部接到员工上下班或外出、出差期间的交通事故报告后，立即安排救助工作。

（2）需要时，行政部立即安排专人到现场组织救助。

（3）行政部与主管部门联系办理工伤、医保事宜，协助员工办理报销和治疗手续。

6. 后期处置

6.1 善后处理

应急处置工作接近尾声时，公司应急领导小组组织人员了解、收集、汇总人员伤亡、财产损失等信息并上报，对相关人员进行调解和安抚，协助进行善后赔偿，适时发动捐助，及时通报处理信息，减轻和消除事件的影响，确保生产生活秩序及时恢复。

6.2 调查评估

每次应急突发事件处置完毕后，公司应急领导小组要组织事件参与部门负责人座谈讨论，总结经验与教训，对事故（事件）的预防、预警、协调、指挥和应急救援等处置工作和相应的应急行动方案进行全面评估，并结合实际工作提出对预案的修订意见。

6.3 信息发布

突发事件处置完毕后，要通过公司微信群、广播系统等途径，快速、准确地通报情况，发布涉及内部信息的内容须经应急领导小组组长同意。

6.4 责任和奖惩

突发事件预防和处置工作实行一把手负责制和责任追究制。公司应急领导小组按照有关规定，对在突发事件应急处置工作中有突出贡献的单位和个人给予表彰和奖励；对迟报、漏报、瞒报和谎报突发事件重要情况，或者在应急管理工作中有玩忽职守、不服从指挥、不认真负责或临阵脱逃行为的，进行严肃处理。

7. 宣传、培训与演练

7.1 宣传及公众信息交流

通过应急管理宣传教育，增强员工的危机意识和责任意识，提高员工的自救、互救能力。公司应急领导小组要做好员工的应急管理宣教和告知工作。主要通过公司公告栏、科普画廊等载体，进行相关法律法规及抢险、避险等知识的宣传，增强员工的安全意识，提高员工的抢险、避险、自救能力。

7.2 培训与演练

公司应急领导小组每年年初召开公司应急领导小组会议，进行应急管理知识学习，制订公司应急培训演练计划。公司综合应急突发事件处置演练每年不少于一次。

细节71：强化应急协调联动

行政人员要在处理紧急突发事件或跟踪、汇报应急信息等方面发挥积极作用，协调各方资源，妥善处理好各类突发事件。

（一）统筹调度，积极响应

（1）提前制定响应机制、工作方案和应急预案，编制统一的表格，落实责任人，排出值班表等。

（2）在重大应急工作中，要闻令而动，主动担当，做好组织与上级组织、行业主管部门、社区等相关单位和部门的协调配合工作，及时准确地收集各类信息。

（二）建立应急预警机制体系

（1）强化日常安全隐患排查，将风险管控与隐患治理有机融合，逐一对照检查，列出问题清单，建立监管台账，真正做到"事前控风险，事中查隐患，事后抓应急"。

（2）周密安排平时值班及节假日等重点时期应急值守工作，严格执行领导带班制度、应急值班制度和事故"零报告"制度，明确值班纪律和责任，保持信息报送渠道畅通。

（3）建立健全应急事件发布机制，做好预警研判工作，健全应急指挥和联动处置机制，针对突发事件做好应急组织指挥工作，加强应急处置演练，增强职工应对实际突发事件的协调配合能力，提升组织应急保障水平，科学应对、妥善处理各类突发事件。

（三）妥善处理突发事件

行政人员的一项重要职能是维护正常办公秩序，妥善处理突发事件。突发事件处理措施如图 12-8 所示。

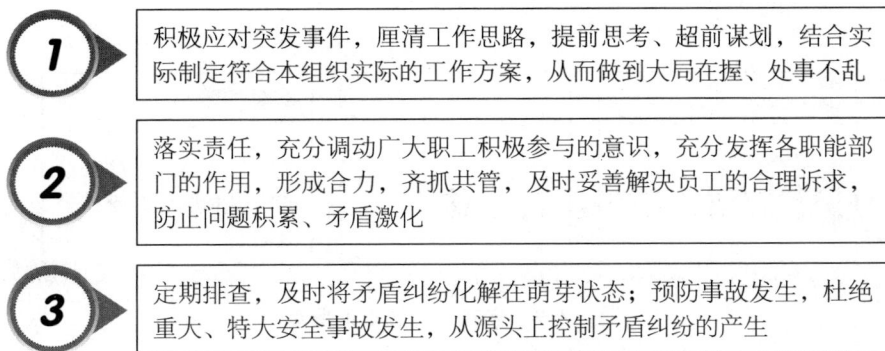

① 积极应对突发事件，厘清工作思路，提前思考、超前谋划，结合实际制定符合本组织实际的工作方案，从而做到大局在握、处事不乱

② 落实责任，充分调动广大职工积极参与的意识，充分发挥各职能部门的作用，形成合力，齐抓共管，及时妥善解决员工的合理诉求，防止问题积累、矛盾激化

③ 定期排查，及时将矛盾纠纷化解在萌芽状态；预防事故发生，杜绝重大、特大安全事故发生，从源头上控制矛盾纠纷的产生

图 12-8　突发事件处理措施

如果发生了突发事件，行政部在处理时要注意以下几点。

（1）第一时间赶到现场，了解、评估事件的情况及影响程度，并及时向公司领导汇报。

（2）控制事件的发生地点，如果办公区域较大，可以将相关人员引导到食堂、户外休息区等不影响办公区域的地方商谈；如果办公区域比较小，出现相关人员围堵、占用办公区域的情况，就要及时请大楼的物业管理处协调处理。

（3）要与主要当事人面谈，了解对方的诉求，安抚对方，尽量缓和气氛，争取时间，及时评估对方的诉求并向公司领导及相关部门报告，商讨处理方式。

> **小提示**
>
> 处理突发事件属于危机公关的一部分，需要行政人员在工作过程中结合实际情况进行调整，如根据现场冲突情况及时增加安保人员、减少现场围观人员数量等。

细节72：突发事件危机公关

有人说："每一次危机本身既包含导致失败的根源，又孕育着成功的种子。发现、培育这颗种子，以便收获这个潜在的成功机会，是突发事件管理的精髓。"行政人员要做好突发事件危机公关工作，尽量消除不良影响。

（一）树立公关意识

树立公关意识是指行政人员要具备调节、平衡和统一各种不同的关系、不同的利益、不同的要素的意识，即兼顾组织内外部矛盾，统筹组织内外部资源，调解公众与组织之间的矛盾。树立公关意识的要点如图 12-9 所示。

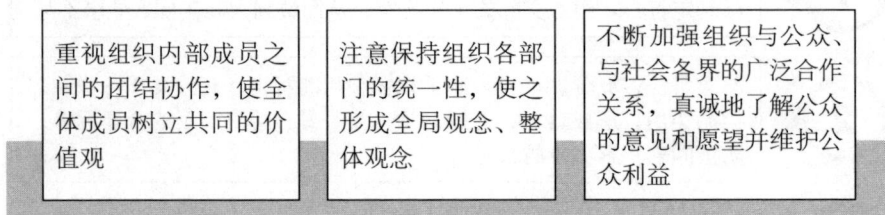

重视组织内部成员之间的团结协作，使全体成员树立共同的价值观	注意保持组织各部门的统一性，使之形成全局观念、整体观念	不断加强组织与公众、与社会各界的广泛合作关系，真诚地了解公众的意见和愿望并维护公众利益

图 12-9　树立公关意识的要点

（二）组建公关队伍

为了加强突发事件管理，组织可以在内部建立一支训练有素、精干高效的突发事件公关队伍。其成员应包括组织最高领导层、行政部门、基层部门、市场销售部门的相关人员。

行政人员负责在广泛搜集信息的基础上分析存在的问题和隐患，对可能出现的突发事件做出预测，根据预测结果制定切实可行的突发事件防范措施。

当突发事件发生时，突发事件公关队伍要起到指挥的作用：建立突发事件控制中心，制定紧急应对方案，推动方案实施，与媒体沟通，消除突发事件的不良影响，化解公众疑虑，尽快解决突发事件。

（三）修复单位形象

行政人员一方面要代表组织如实兑现在突发事件中对公众的承诺，做好善后工作；另一方面要重新树立组织的良好形象。

要弥补突发事件给组织形象造成的损失，重新赢得社会的信任，关键是要更新经营战略，提升管理水平，全面改善产品与服务质量，为客户创造更大的价值，为社会公众带来更多的利益，只有这样才有可能化危为机，获得新的发展契机。